Im Deutschen können einige wenige Verbformen nicht ver… **infinite (unveränderliche) Verbformen.**

- der **Infinitiv** (Grundform, Nennform) — hören, gehen, essen
- das **Partizip I** — hörend, gehend, essend
- das **Partizip II** — gehört, gegangen, gegessen

3 Tempus (Zeitform)

Wann geschieht etwas?

Vergangenheit

- **Präteritum:** ich schrieb
- **Perfekt:** ich habe geschrieben, ich bin gelaufen
- **Plusquamperfekt:** ich hatte geschrieben, ich war gelaufen

Gegenwart

- **Präsens:** ich schreibe

Zukunft

- **Futur I:** ich werde schreiben
- **Futur II:** ich werde geschrieben haben

Perfekt, Plusquamperfekt, Futur I und **Futur II** sind **zusammengesetzte Zeiten**.
Man bildet sie mit dem Partizip II und den Hilfsverben *haben, sein* oder *werden*.

Konjugation (Die Tempusangaben beziehen sich auf die Hilfsverben.)

Infinitiv	haben	sein	werden
Präsens	ich habe (geschrieben) du hast (geschrieben) er/sie/es hat (geschrieben) wir haben (geschrieben) ihr habt (geschrieben) sie haben (geschrieben)	ich bin (gelaufen) du bist (gelaufen) er/sie/es ist (gelaufen) wir sind (gelaufen) ihr seid (gelaufen) sie sind (gelaufen)	ich werde (schreiben) du wirst (schreiben) er/sie/es wird (schreiben) wir werden (schreiben) ihr werdet (schreiben) sie werden (schreiben)
Präteritum	ich hatte (geschrieben) du hattest (geschrieben) er/sie/es hatte (geschrieben) wir hatten (geschrieben) ihr hattet (geschrieben) sie hatten (geschrieben)	ich war (gelaufen) du warst (gelaufen) er/sie/es war (gelaufen) wir waren (gelaufen) ihr wart (gelaufen) sie waren (gelaufen)	ich wurde (gestoßen) du wurdest (gestoßen) er/sie/es wurde (gestoßen) wir wurden (gestoßen) ihr wurdet (gestoßen) sie wurden (gestoßen)
Partizip II	(geschrieben) gehabt	(gelaufen) gewesen	(gestoßen) worden

Duden

Schulgrammatik | extra

Deutsch

5. bis 10. Klasse

Grammatik verstehen
Gut und richtig schreiben
Erfolgreich Texte analysieren
Kompetent mit Medien umgehen

7., überarbeitete Auflage

Dudenverlag
Berlin

Redaktionelle Leitung Dr. Laura Neuhaus
Redaktion Dr. Anja Steinhauer
Autoren Monika Bornemann, Michael Bornemann

Herstellung Saskia Meisenbach
Layout Peter Lohse
Umschlaggestaltung 2issue, München
Umschlagabbildungen Büroecco, Augsburg (Abrisspapier), The Noun Project: Pencil Icon, created by IcoMoon (Stift)
Satz Elstersatz, Stefan Hergenröder, Wildflecken

www.duden.de
www.cornelsen.de

7. Auflage, 5. Druck 2025

Druck: Livonia Print, Riga

ISBN 978-3-411-71997-6

PEFC/12-31-006

PEFC zertifiziert
Dieses Produkt stammt aus nachhaltig bewirtschafteten Wäldern und kontrollierten Quellen.

www.pefc.de

Inhalt

Grammatik und Sprachbetrachtung

1 Die Wortarten

Wörter werden nach bestimmten Merkmalen in Klassen eingeteilt, die man **Wortarten** nennt. Die Wortarten wiederum werden in veränderbare **(flektierbare)** Formen und in unveränderbare **(unflektierbare)** Formen unterteilt.

BLICKPUNKT

Wortarten

flektierbar

Konjugation

Verb	ich laufe du l**äu**f**st** sie l**ie**fen

Deklination
Komparation (Steigerung)

Nomen (Substantiv)	der Mann des Mann**es** die M**ä**nn**er**
Adjektiv	das klein**e** Kind die klein**en** Kinder klein, klein**er**, **am** klein**sten**
Artikel	der, die, das, **dem, den**
Pronomen	er, sie, es, **ihm, ihr, ihn**

unflektierbar

Adverb	gern, oft
Präposition	an, auf, bei, in, über
Subjunktion	als, nachdem, weil
Interjektion	ah!, oh!, oje!
Partikel (unbetont)	auch, etwa, ja

1.1 Das Nomen (Substantiv, Hauptwort)

BLICKPUNKT

Nomen

Konkretum

Dinge	Auto, Stuhl, Computer
Lebewesen	Frau, Hund, Katze, Kind, Mann, Mensch
Pflanzen	Baum, Rose, Tulpe
Eigennamen	Hannah, Katharina

Abstraktum

Bezeichnet wird nur im Geiste Vorstellbares	Bewusstsein, Seele
oder als Begriff Vorhandenes	Hass, Liebe, Ruhe

Die Deklination

Die Anpassung der Form eines Nomens in **Genus**, **Numerus** und **Kasus** wird Deklination genannt.

Das Genus (Geschlecht)

Merkmale und Besonderheiten	
■ Das Genus (Plural: Genera) eines Nomens erkennt man an seinem bestimmten Artikel. Für Nomen gibt es drei verschiedene Genera: – das männliche **(Maskulinum)**, – das weibliche **(Femininum)** und – das sächliche **(Neutrum)**.	 **der** Regen **die** Blume **das** Fenster
■ Jedes Nomen hat ein Genus, auch dann, wenn kein natürliches Geschlecht vorhanden ist.	der Stuhl, die Welle, das Handy
■ Bei einigen Nomen stimmt das grammatische Geschlecht mit dem natürlichen Geschlecht überein.	Maskulinum: der Mann, der Sohn, der Bruder Femininum: die Frau, die Tochter, die Schwester
■ Oft stimmt das Genus aber nicht mit dem natürlichen Geschlecht von Lebewesen überein oder die Personen können sowohl männlich als auch weiblich sein.	**das** Mädchen Genus: Neutrum, natürliches Geschlecht: Femininum der Gast, die Waise, das Kind

Der Numerus (Zahl)

Merkmale und Besonderheiten	
■ Fast alle Nomen haben einen **Singular** (Einzahl) und einen **Plural** (Mehrzahl). Diese Kennzeichnung wird **Numerus** genannt.	Buch – Bücher, Hund – Hunde, Kind – Kinder, Fuß – Füße, Lampe – Lampen, Handy – Handys
■ Einige Nomen kommen nur im Singular vor.	die Jugend, das Obst, die Milch, der Frieden
■ Einige Nomen kommen nur im Plural vor.	die Leute, die Eltern, die Ferien, die Masern

Pluralformen

Die Pluralformen von Nomen werden auf viele unterschiedliche Arten gebildet. Sie unterscheiden sich durch die Endung einer Pluralform oder durch einen Wechsel des Vokals zu einem Umlaut:

Endung	Umlaut	Singular	Plural
-e	ohne	das Spiel	die Spiel**e**
-e	mit	die Nacht	die N**ä**cht**e**
-en	ohne	die Form	die Form**en**
-n		die Konsole	die Konsole**n**
-er		das Licht	die Licht**er**
-er	mit	der Wald	die W**ä**ld**er**
-s	ohne	das Hotel	die Hotel**s**
ohne	mit	der Bruder	die Br**ü**der
ohne	ohne	der Drucker	die Drucker

Der Kasus

Merkmale

- Jedes Nomen innerhalb eines Satzes steht in einem bestimmten Kasus (Fall).
- Man unterscheidet vier Fälle: **Nominativ** (1. Fall), **Genitiv** (2. Fall), **Dativ** (3. Fall) und **Akkusativ** (4. Fall). Mithilfe von Fragewörtern lässt sich der jeweilige Kasus erfragen.

Der **Junge** spielt mit seinem **Freund** ein **Spiel** seines **Bruders.**

Junge: Nominativ – Freund: Dativ – Spiel: Akkusativ – Bruders: Genitiv

Kasus / Kasus erfragen

■ Nominativ / wer? was?	**Der Junge** malt ein schönes Bild. **Wer** malt ein schönes Bild? – Der Junge. **Die Mutter** schaut zu. **Wer** schaut zu? – Die Mutter.
■ Genitiv / wessen?	Er benutzt dabei die Stifte **seines Bruders.** **Wessen** Stifte benutzt er? – Die Stifte seines Bruders.
■ Dativ / wem?	Anschließend schenkt er das Bild **der Mutter.** **Wem** schenkt er das Bild? – Der Mutter.
■ Akkusativ / wen? was?	Sie bewundert **das Bild** und lobt **den Sohn.** **Was** bewundert sie? – Das Bild. **Wen** lobt sie? – Den Sohn.

1.2 Der Artikel (Begleiter)

Merkmale und Gebrauch

■ Der Artikel tritt immer mit einem Nomen auf. Beide stimmen in **Genus** (Geschlecht), **Numerus** (Zahl) und **Kasus** (Fall) überein. ■ Man unterscheidet zwischen dem **definiten** und dem **indefiniten Artikel.**	**der** Hund: Maskulinum, Singular, Nominativ **die** Katze: Femininum, Singular, Nominativ **das** Schaf: Neutrum, Singular, Nominativ definit: **der** Mann, **die** Frau, **das** Kind indefinit: **ein** Mann, **eine** Frau, **ein** Kind
■ Der negative Artikel **kein, keine, keines** ist die Verneinung von **ein** und **irgendein** (↑ S. 30). Er hat die gleichen Formen wie das Possessivpronomen (↑ S. 29).	Ich habe **keinen** Hund. Ich habe **keine** Lust. **Keines** der Kinder wollte nach Hause gehen. Ich habe **keine** Sonnencreme mehr.

Der definite (bestimmte) Artikel

■ Der **Plural** des **definiten Artikels** hat in allen drei Geschlechtern die **gleiche Form.**	**die** Männer, **die** Frauen, **die** Kinder
■ Der **definite Artikel** wird verwendet, wenn ein Nomen in einem Text bereits einmal erwähnt wurde oder es als bekannt vorausgesetzt wird.	In den Ferien fuhren wir zu **einem** Waldsee. **Der** See lag etwa zwei Autostunden entfernt.

	Singular			Plural		
	Maskulinum	Femininum	Neutrum	Maskulinum	Femininum	Neutrum
Nominativ	**der** Mensch	**die** Frau	**das** Kind	**die** Menschen	Frauen	Kinder
Genitiv	**des** Menschen	**der** Frau	**des** Kindes	**der** Menschen	Frauen	Kinder
Dativ	**dem** Menschen	**der** Frau	**dem** Kind	**den** Menschen	Frauen	Kindern
Akkusativ	**den** Menschen	**die** Frau	**das** Kind	**die** Menschen	Frauen	Kinder

Der indefinite (unbestimmte) Artikel

- Der indefinite Artikel hat **keine Pluralform.**
- Der indefinite Artikel wird verwendet, wenn in einem Text ein Nomen noch unbekannt, noch nicht festgelegt oder nicht wichtig ist.

Orangen und Zitronen sind Zitrusfrüchte.
An **einem** warmen Tag sollte man **eine** Trinkflasche dabeihaben.

Singular	Maskulinum	Femininum	Neutrum
Nominativ	**ein** Mensch	**eine** Frau	**ein** Kind
Genitiv	**eines** Menschen	**einer** Frau	**eines** Kindes
Dativ	**einem** Menschen	**einer** Frau	**einem** Kind(e)
Akkusativ	**einen** Menschen	**eine** Frau	**ein** Kind

1.3 Das Verb (Tätigkeitswort, Zeitwort)

Das Verb ist innerhalb eines Satzes besonders wichtig. Von allen Wortarten weist es die meisten Formveränderungen **(finite Verbformen)** auf, nur wenige Verbformen sind unveränderlich **(infinite Verbformen)**.

1.3.1 Die Einteilung von Verben

Verben können nach ihrer **Bedeutung**, nach ihrer **Selbstständigkeit** und nach ihrer **Verbindung** mit anderen Satzteilen und Wortarten eingeteilt werden.

Die Bedeutung von Verben

Manche Verben lassen sich den folgenden Gruppen nicht eindeutig zuordnen.

Tätigkeitsverben beschreiben eher eine Tätigkeit,	arbeiten, essen, hören, spielen, schreiben, lesen
Vorgangsverben eher einen Vorgang/Verlauf und	aufstehen, einschlafen, regnen, wachsen
Zustandsverben eher einen Zustand.	besitzen, bleiben, enthalten, sein, liegen

Die Selbstständigkeit von Verben: Vollverben, Hilfsverben und Modalverben

Vollverben

Vollverben können im Satz sinnvoll allein stehen.	lesen/schlafen:	Ich **lese** ein Buch. Sie **schläft.**

Hilfsverben

Es gibt im Deutschen drei Hilfsverben: haben, sein, werden.

■ Hilfsverben bilden zusammen mit den Vollverben das Passiv und bestimmte Zeitformen:	Passiv: Das Paket wird gebracht.	
	haben/werden	**sein/werden**
– Perfekt,	ich habe geschlafen	wir sind gelaufen
– Plusquamperfekt,	ich hatte geschlafen	wir waren gelaufen
– Futur I,	ich werde schlafen	wir werden laufen
– Futur II.	ich werde geschlafen haben	wir werden gelaufen sein
■ In bestimmten Bedeutungen können Hilfsverben auch als Vollverben verwendet werden.	Ich **habe** zwei kleinere Geschwister. Was **ist** los? Ich **werde** Tierärztin.	

Konjugation			
Infinitiv	**haben**	**sein**	**werden**
Präsens	ich habe du hast er/sie/es hat wir haben ihr habt sie haben	ich bin du bist er/sie/es ist wir sind ihr seid sie sind	ich werde du wirst er/sie/es wird wir werden ihr werdet sie werden
Präteritum	ich hatte du hattest (...)	ich war du warst (...)	ich wurde du wurdest (...)
Partizip I	habend	seiend	werdend
Partizip II	gehabt	gewesen	(Vollverb:) geworden (Hilfsverb:) worden

Modalverben

Es gibt im Deutschen sechs Modalverben: können, dürfen, müssen, mögen, sollen, wollen.

■ Modalverben verfeinern die Aussage über die Art und Weise einer Handlung.	Wir fangen an. Wir **sollen** anfangen.
■ Modalverben stehen in der Regel in Verbindung mit einem Vollverb im Infinitiv.	Er **kann** die Seite **aufrufen.** Ich **darf kommen.**
■ Sie haben unterschiedliche Bedeutungen:	
können: Möglichkeit/Fähigkeit	Wir **könnten** jetzt gehen. / Ich **kann** singen.
dürfen: Erlaubnis	Wir **dürfen** zusammenarbeiten.
müssen: Pflicht/Notwendigkeit	Wir **müssen** den Termin absagen.
mögen: (höflicher) Wunsch	Ich **möchte** jetzt nach Hause gehen.
sollen: Verpflichtung	Wir **sollen** um vier Uhr in der Sporthalle sein.
wollen: Wunsch/Absicht	Er **will** morgen Abend seine Freunde treffen.
■ Modalverben können das Prädikat auch allein bilden. Der Infinitiv wird „hinzugedacht“.	Er **will** schon nach Hause (gehen). Sie **möchte** noch einen Donut (haben).
■ In der Bedeutung **etwas gerne haben** wird **mögen** als Vollverb verwendet.	Ich **mag** Torte. Ich **mag** dich.

Besonderheiten der Konjugation		
■ Die Formen im **Perfekt, Plusquamperfekt** und **Futur II** werden nicht mit dem Partizip II, sondern mit dem **Infinitiv** gebildet. Es folgen hier also zwei Infinitive aufeinander.	Perfekt: Plusquamperfekt: Futur II:	Ich habe **kommen wollen.** Er hatte **bleiben dürfen.** Sie wird ihn nicht gehört **haben können.**
■ Dies gilt nicht für Modalverben, die als Vollverb verwendet werden.	Perfekt: Plusquamperfekt: Futur II:	Er **hat** ins Kino **gewollt.** Sie **hatte** nicht **gewollt.** Sie **wird** nicht **gewollt haben.**

Verben in Verbindung mit anderen Satzteilen und Wortarten: transitive und intransitive Verben sowie reflexive Verben

Transitive und intransitive Verben

Transitive Verben sind Verben, die ein Akkusativobjekt (↑ S. 40) bei sich haben und das Passiv bilden können.	Sie liebt **ihre Schwester.** (Wen liebt sie?) Ich esse **einen Apfel.** Du liest **ein Buch.**
Intransitive Verben sind Verben, ■ die ohne Objekt stehen, ■ die kein Akkusativobjekt haben, ■ die ein Objekt im Dativ oder Genitiv oder ein Präpositionalobjekt (↑ S. 40–41) nach sich ziehen. ■ Alle reflexiven Verben sind intransitiv.	 Das Mädchen **schweigt.** Ich **schlafe.** Er hilft **seinem Freund.** Er wird **des Diebstahls** beschuldigt. Sie stehen **auf der Brücke.** Wir **beeilen uns.**

Transitive oder intransitive Verben

Viele Verben können sowohl transitiv mit Akkusativobjekt als auch intransitiv verwendet werden.	Er kocht **eine Suppe.** Er kocht **gerne.** Die Sonne schmilzt **das Eis.** Das Eis **schmilzt.**

Reflexive Verben

Reflexive Verben sind Verben, die ein Reflexivpronomen (↑ S. 28) bei sich haben. Reflexiv bedeutet rückbezüglich: Das Pronomen bezieht sich auf das Subjekt des Satzes zurück.	ich ... **mich,** du ... **dich,** er/sie/es ... **sich,** wir ... **uns,** ihr ... **euch,** sie ... **sich** Er bedankte sich. (↑ sich → Er)
■ **Echte reflexive Verben** Echte reflexive Verben können nur zusammen mit dem Reflexivpronomen auftreten. Es kann nicht weggelassen oder gegen ein anderes Pronomen oder Nomen ausgetauscht werden. Sie können auch kein Passiv bilden.	Ich **beeile mich.** Ein Wunder **ereignet sich.** Wir nähern **uns.**
■ **Unechte reflexive Verben** An die Stelle des Reflexivpronomens kann eine andere entsprechende Ergänzung treten. Sie können das Passiv bilden.	reflexiv: Sie wäscht sich. nicht reflexiv: Sie wäscht das Kind. Das Kind wird (von ihr) gewaschen.

1.3.2 Die infiniten (unveränderlichen) Verbformen

Infinite Verbformen sind Verben ohne Personal- und Tempusformen, ohne Modus und Genus Verbi (↑ Grafik S. 13). Sie verändern ihre Form also nicht und sind unabhängig vom Subjekt. Dazu zählen der **Infinitiv** sowie das **Partizip I** und **II.**

Der Infinitiv (Grundform, Nennform)

Merkmale, Form und Gebrauch	
■ Der Infinitiv ist die Grundform oder Nennform des Verbs und gibt dessen Bedeutung an.	sprechen, sitzen, lieben
■ Er besteht aus dem **Wortstamm** und der Endung **-en.** Einige Verben enden auf **-eln** oder **-ern.** ■ Wenn man bei einem Infinitiv die Endung wegstreicht, erhält man den Wortstamm. Ausnahmen: **sein** → ich **bin, tun** → ich **tue**	blei**ben**, den**ken**, ge**hen**, schrei**en**, sit**zen**, tra**gen** han**deln**, bas**teln**, klet**tern**, hun**gern**, wan**dern** lauf~~en~~ → Wortstamm: lauf-
■ Der Infinitiv wird zur Bildung des Futur I verwendet. ■ Das Vollverb steht in Verbindung mit einem Modalverb (↑ S. 10) im Infinitiv. ■ Ein Infinitiv kann als Nomen verwendet werden (nominalisierter Infinitiv). Er wird dann wie alle anderen Nomen großgeschrieben. ■ Infinitive können auch Kern einer Infinitivgruppe sein (erweiterter Infinitiv). Diese können durch Infinitivkonjunktionen (↑ S. 33) wie **um, ohne** oder **anstatt** eingeleitet werden.	Wir werden morgen nach Köln **fahren.** Kannst du das für mich **machen?** Ich muss aber erst **nachfragen.** **(Das) Radfahren** macht mir großen Spaß. **Beim Radfahren** sollte man immer einen Helm aufsetzen. Ich bin da, **um** dir **zu helfen.** **Ohne zu schauen,** lief er über die Straße. Sie fuhren mit dem Auto, **anstatt zu Fuß zu gehen.**

Das Partizip I

Bildung	
Das Partizip I kann auf **zwei Arten** hergeleitet werden: ■ Es wird gebildet aus dem **Wortstamm** und der Endung **-end.** Verben, die im Infinitiv auf **-eln** oder **-ern** enden, bilden das Partizip entsprechend. Ausnahmen: **sein** → **seiend; tun** → **tuend**	les**end**, schlaf**end**, denk**end**, lauf**end** hand**elnd**, flimm**ernd**, zwitsch**ernd**

Gebrauch	
Das Partizip I wird verwendet: ■ als **Adjektiv** (und wird dann auch wie ein Adjektiv dekliniert), ■ als **Adverb** (und ist dann wie ein Adverb auch unveränderlich), ■ als **Nomen** (und wird dann auch wie ein Nomen dekliniert und großgeschrieben), ■ als Partizipgruppe anstelle eines **Satzes.**	Er schaltete den **laufenden** Fernseher aus. Der Ball lag im **angrenzenden** Garten. Die Eltern fanden ihre Kinder **schlafend.** Der Vater sitzt **lesend** im Garten. Zurzeit werden noch **Auszubildende** gesucht. Die **Reisenden** nach Paris bitte einsteigen! **Nach genauen Informationen suchend** verbringt sie den Nachmittag. (statt: **Indem sie nach genauen Informationen sucht, ...)**

Das Partizip II

Bildung	
■ Das Partizip II wird in der Regel mit dem **Präfix (Vorsilbe) ge-** gebildet.	**ge**macht, **ge**kauft, **ge**laufen
■ Die **Endung -t** wird bei schwachen Verben und Verben mit gemischter Konjugation (↑ S. 14) angefügt. Bei starken Verben (↑ S. 14) endet es auf **-en.**	schwache Verben: gesuch**t**, geweck**t** Verben mit Mischform: gebr**annt**, gen**annt** starke Verben: geschr**ieben**, geschla**fen**, geb**unden**
■ Die Partizipien der Verben mit den Präfixen **be-**, **emp-**, **ent-**, **er-**, **ge-**, **miss-**, **ver-**, **zer-** werden ohne **ge-** gebildet. Ebenso die der Verben auf **-ieren.**	**be**stellt, **ent**setzt, **er**zählt, **ge**braucht, **miss**verstanden, **ver**liebt, **zer**kleinert, stud**ieren** – studiert
■ Bei zusammengesetzten Verben steht der Verbzusatz (häufig eine Präposition) vor **ge-**.	aufmachen – auf**ge**macht

Gebrauch	
Das Partizip II wird verwendet:	
■ zur Bildung der **zusammengesetzten Zeiten**	
– Perfekt,	ich habe **geschrieben**, wir sind **gelaufen**
– Plusquamperfekt,	ich hatte **geschrieben**, wir waren **gelaufen**
– Futur II,	ich werde **geschrieben** haben, wir werden **gelaufen** sein
■ zur Bildung des **Passivs,**	ich werde **getragen**, wir wurden **gerufen**
■ als **Adjektiv** (und wird dann auch wie ein Adjektiv dekliniert),	Er findet die **gesuchten** Informationen. Die **aufgerufene** Seite öffnet sich nicht.
■ als **Adverb** (und bleibt dann auch wie ein Adverb unverändert),	Die Zeitung liegt **gefaltet** im Zeitungskorb. Die Flasche steht **geöffnet** auf dem Tisch.
■ als **Nomen** (und wird dann wie ein Nomen dekliniert und großgeschrieben),	Die **Abgeordneten** betreten den Plenarsaal. Die **Geschworenen** sitzen im Gerichtssaal.
■ als Partizipgruppe anstelle eines **Satzes.**	**Von ihrer Freundin angeschrieben** antwortete sie sofort. (statt: **Nachdem sie von ihrer Freundin angeschrieben worden war, ...**)

1.3.3 Die finiten (veränderlichen) Verbformen

Als finite Verbformen bezeichnet man Verben mit Formveränderungen (konjugierbare Verben), die fünf verschiedene Merkmale aufweisen:

BLICKPUNKT

Finite (veränderliche) Verbformen

1	2	3	4	5
Person	**Numerus** (Zahl)	**Tempus** (Zeit)	**Genus Verbi** (Aktiv/Passiv)	**Modus** (Indikativ/Konjunktiv/Imperativ)

Person + Numerus: Personalform

Die Bildung der Stammformen

Wenn man die drei Verbformen ■ Infinitiv (↑ S. 12), ■ 1. Person Singular Präteritum (↑ S. 16) und ■ Partizip II (↑ S. 13) kennt, kann man alle anderen Verbformen ganz leicht bilden. Man nennt diese Formen deshalb auch die Stammformen eines Verbs. Der Infinitiv gibt den **Präsensstamm** an.	sagen – kommen – nennen sagte – kam – nannte gesagt – gekommen – genannt Infinitiv: sag~~en~~ – Präsensstamm: **sag-** Infinitiv: schreib~~en~~ – Präsensstamm: **schreib-**

Die Konjugation

Nach der Art der Konjugation (Beugung) unterscheidet man schwache und starke Verben sowie Verben mit Mischformen. Die **wichtigsten Unterschiede** in der Konjugation der Verben bestehen in den Formen des **Präteritums** und des **Partizips II.**

Die **schwache (regelmäßige) Konjugation** bildet ■ das Präteritum (↑ S. 16) mit dem Wortbaustein **-te,** ■ das Partizip II (↑ S. 16) mit dem Präfix **ge-** und der Endung **-t.**	ich glaub**te**, du glaub**test**, er/sie/es glaub**te** **ge**glaub**t**, **ge**koch**t**, **ge**leg**t**
Bei der **starken (unregelmäßigen) Konjugation** ■ verändert sich im Präteritum der **Stammvokal** (z. B. **i/a-** oder **ie/o-**Wechsel), ■ wird das Partizip II mit dem Präfix **ge-** und der Endung **-en** gebildet.	finden – ich fand fliegen – ich flog **ge**fund**en** **ge**flog**en**
Verben gehören der **gemischten Konjugation** an, wenn sie Elemente der schwachen und der starken Konjugation mischen: ■ Im Präteritum wird der **Stammvokal verändert** und der Wortbaustein **-te** angefügt. ■ Das Partizip II bilden sie mit dem Präfix **ge-** und der Endung **-t** und es **verändert sich** der **Stammvokal.**	nennen – (ich) nann**te** brennen – brann**te** **ge**nann**t** **ge**brann**t**

Die Personalform: Person und Numerus (Zahl)

Merkmale

■ Die Verbform, die in Person und Numerus bestimmt ist, heißt Personalform. Sie richtet sich immer nach Person und Numerus des Subjekts.	ich **laufe**, wir **singen**, du **sagtest**, du **hast gesagt**
■ Es gibt **drei Personen** und zwei Numeri: **Singular** (Einzahl) und **Plural** (Mehrzahl): Singular – Plural – 1. Person: ich – wir – 2. Person: du – ihr – 3. Person: er/sie/es – sie	Leon schreibt. – 3. Person Singular Leon und Sarah schreiben. – 3. Person Plural

Das Tempus (Zeitform)

Im Deutschen gibt es sechs Tempora (Tempusformen, Zeitformen): **Präsens, Perfekt, Präteritum, Plusquamperfekt, Futur I und Futur II.** Mithilfe dieser Zeitformen lassen sich Gegenwärtiges, Vergangenes und Zukünftiges ausdrücken. Aus grammatischer Sicht teilt man diese Zeitformen auch in **einfache** und **zusammengesetzte Tempusformen** ein: Präsens und Präteritum sind einfache, Perfekt, Plusquamperfekt und Futur I und II sind zusammengesetzte Zeiten, da sie mit dem Partizip II oder dem Infinitiv sowie den Hilfsverben „haben", „sein" und „werden" gebildet werden.

Das Präsens (Gegenwartsform)

Das Präsens bezeichnet: ■ ein Geschehen, das sich gerade ereignet. ■ Aussagen, die allgemein und immer gültig sind. ■ ein Geschehen, das in der Zukunft liegt. Häufig drückt ein Zeitadverb im Satz aus, dass es sich um ein zukünftiges Geschehen handelt.	 Er **liest** ein Buch. Der Juli **hat** 31 Tage. Morgen **treffe** ich mich mit meinen Freunden.
■ Das Präsens wird mit dem Wortstamm (Präsensstamm) und den Personalendungen **-e, -st, -t, -en, -t, -en** gebildet. ■ Das Präsens wird allein durch das Vollverb gebildet. Es wird daher auch **einfache Tempusform** genannt.	ich schreib**e** — wir schreib**en** du schreib**st** — ihr schreib**t** er/sie/es schreib**t** — sie schreib**en**

Das Perfekt (vollendete Gegenwartsform)

Das Perfekt bezeichnet: ■ ein Geschehen, das zwar in der Vergangenheit abgeschlossen ist, dessen Folgen oder Ergebnis aber noch bis in die Gegenwart reichen. Es wird deshalb auch **vollendete Gegenwart** genannt. ■ die Vorzeitigkeit, wenn es zusammen mit dem Präsens vorkommt. Das Perfekt drückt aus, was vor der aktuellen Handlung passiert ist.	 Ich **habe** in dieser Nacht acht Stunden **geschlafen.** (Folge: Ich bin jetzt fit.) Es **hat** die ganze Nacht **geregnet.** (Ergebnis: Der Rasen ist nun völlig aufgeweicht.) Nachdem er die Nachricht **erhalten hat,** macht er sich sofort auf den Weg.
■ Die Form des Perfekts besteht aus zwei Bestandteilen. Man spricht deshalb von einer **zusammengesetzten Tempusform.** ■ Es wird mit einer konjugierten Präsensform der Hilfsverben **haben** oder **sein** und dem **Partizip II** gebildet.	ich **habe** geschlafen — ich **bin** gelaufen du **hast** geschlafen — du **bist** gelaufen er/sie/es **hat** geschlafen — er/sie/es **ist** gelaufen wir **haben** geschlafen — wir **sind** gelaufen ihr **habt** geschlafen — ihr **seid** gelaufen sie **haben** geschlafen — sie **sind** gelaufen

Das Präteritum (Vergangenheitsform)

Das Präteritum bezeichnet: ■ ein vergangenes und abgeschlossenes Geschehen, ■ das sogenannte **Erzähltempus**, wie es in Märchen, Erzählungen oder Romanen verwendet wird.	 Ich **aß** gestern einen Apfel. Es **war** einmal ein König, der **lebte** in einem alten Schloss.
An der Bildung der Präteritumformen erkennt man die Konjugationsklasse, zu der ein Verb gehört: ■ Schwache Verben bilden das Präteritum mit dem Präsensstamm und dem Wortbaustein **-te**. ■ Starke Verben bilden das Präteritum mit der **Veränderung des Stammvokals.** ■ Verben mit Mischformen bilden das Präteritum mit der **Veränderung des Stammvokals** und der Anfügung von **-te**.	 ich glaub**te**, du glaub**test** schlafen: Wortstamm: schlaf- Präteritum: ich schl**ie**f nennen: Wortstamm: nenn- Präteritum: ich n**a**nn**te**
Personalendungen: ■ Bei den schwachen Verben und den Verben der Mischklasse haben die 1. und 3. Person Singular keine Personalendung. In der 2. Person Singular, der 1., 2. und 3. Person Plural wird **-st, -n, -t, -n** angefügt. ■ Bei den starken Verben sind die 1. und 3. Person Singular ebenfalls endungslos. In der 2. Person Singular, der 1., 2. und 3. Person Plural wird **-st, -en, -t, -en** angefügt.	 sagen: ich sagte, du sagte**st**, sie sagte, wir sagte**n**, ihr sagte**t**, sie sagte**n** rufen: ich rief, du rief**st**, sie rief, wir rief**en**, ihr rief**t**, sie rief**en**

Das Plusquamperfekt (vollendete Vergangenheitsform)

Das Plusquamperfekt wird fast nur in Verbindung mit dem Präteritum gebraucht und bezeichnet dann die **Vorzeitigkeit** zum Geschehen in der Vergangenheit.	Sie unterhielten sich noch lange. Vorher **hatten** sie ausgiebig **gegessen.** Nachdem er die Flasche **ausgetrunken hatte,** brachte er sie in die Küche.
Das Plusquamperfekt wird gebildet mit dem **Präteritum** der Hilfsverben **haben** oder **sein** und dem **Partizip II.** Die Formen des Plusquamperfekts sind daher **zusammengesetzte Formen.**	ich **hatte** geschlafen — ich **war** gelaufen du **hattest** geschlafen — du **warst** gelaufen er/sie/es **hatte** geschlafen — er/sie/es **war** gelaufen wir **hatten** geschlafen — wir **waren** gelaufen ihr **hattet** geschlafen — ihr **wart** gelaufen sie **hatten** geschlafen — sie **waren** gelaufen

Das Futur I (Zukunftsform)

Das Futur I bezeichnet: ■ ein Geschehen, das noch nicht stattgefunden hat, ■ eine Vermutung, ■ eine nachdrückliche Aufforderung.	 Ich **werde** dich nächste Woche **besuchen.** Das **wird** nicht gut **gehen.** Du **wirst** jetzt damit **aufhören!**
Das Futur I wird gebildet mit der konjugierten Form des Hilfsverbs **werden** und dem **Infinitiv** des Vollverbs. Die Formen des Futurs I sind **zusammengesetzte Formen.**	ich **werde** schlafen — wir **werden** schlafen du **wirst** schlafen — ihr **werdet** schlafen er/sie/es **wird** schlafen — sie **werden** schlafen

Das Futur II (vollendete Zukunftsform)

Das Futur II bezeichnet ein Geschehen, das in der Zukunft als bereits abgeschlossen angesehen wird. Es wird allerdings nur selten verwendet und häufig durch das Perfekt ersetzt.	Wenn du wieder da bist, **werden** wir schon **umgezogen sein.** Wenn du wieder da bist, **sind** wir schon **umgezogen.**	
Das Futur II wird gebildet mit der konjugierten Präsensform des Hilfsverbs **werden,** dem **Partizip II** des Vollverbs und **haben** bzw. **sein.** Es handelt sich also um eine **zusammengesetzte Verbform,** die aus drei Teilen besteht.	ich **werde geschlafen haben** du **wirst geschlafen haben** er/sie/es **wird geschlafen haben** wir **werden geschlafen haben** ihr **werdet geschlafen haben** sie **werden geschlafen haben**	ich **werde gelaufen sein** du **wirst gelaufen sein** er/sie/es **wird gelaufen sein** wir **werden gelaufen sein** ihr **werdet gelaufen sein** sie **werden gelaufen sein**

Aktiv und Passiv

Gebrauch und Bildung

Das Aktiv und das Passiv drücken unterschiedliche Blickrichtungen aus: je nachdem, ob das Interesse auf dem liegt, der etwas tut (Subjekt), oder ob eher das Geschehen in den Vordergrund gerückt werden soll.	**Der Stürmer** schießt den Ball ins Tor. **Der Ball wird** vom Stürmer ins Tor **geschossen.**	
■ Verbformen im **Aktiv** betonen den Handlungsträger oder Urheber einer Handlung oder eines Geschehens. ■ Verbformen im **Passiv** betonen einen Vorgang.	**Das Team organisiert** ein Sommerfest. **Das Meer** umspült die Klippen. **Das Sommerfest wird** vom Team **organisiert.** **Die Klippen werden** vom Meer **umspült.**	
■ Die Passivformen werden gebildet mit der konjugierten Form des Hilfsverbs **werden** und dem **Partizip II.**	ich werde gelobt ich bin gelobt worden ich werde gelobt werden	ich wurde gelobt ich war gelobt worden ich werde gelobt worden sein
■ Das Passiv kann nur von **transitiven Verben** (↑ S. 11) gebildet werden.	transitive Verben: (ein Kind) loben, (ein Lied) singen, (einen Brief) schreiben intransitive Verben: hoffen, schlafen, warten, zittern	
■ Echte **reflexive Verben** sind immer intransitiv und können kein Passiv bilden (↑ S. 11).	Er **ärgert sich** über den Stau.	
■ Auch Verben, die das Perfekt mit **sein** bilden, haben keine Passivformen.	Wir **sind** die ganze Strecke **gelaufen.**	

Täterabgewandtes und täterloses Passiv

Täterabgewandtes Passiv

- Wenn der Handlungsträger oder Urheber einer Handlung genannt wird, spricht man vom täterabgewandten Passiv, da der Handlungsträger im Passivsatz eine geringere Bedeutung hat als im Aktivsatz. Der Handlungsträger wird durch einen Ausdruck mit den Präpositionen **von** oder **durch** genannt.

Ein verdächtiges Geräusch aus dem Nebenhaus wird **von einem Nachbarn** gemeldet. Der Anruf wird **von einem Polizeibeamten** entgegengenommen. Ein Streifenwagen wird **von ihm** informiert. Das Gebäude wird **durch die Polizei** gesichert.

Täterloses Passiv

- Ein täterloses Passiv liegt vor, wenn ein Handlungsträger oder Urheber einer Handlung nicht genannt wird, entweder weil er unbekannt ist, nicht genannt werden soll oder weil er unwichtig ist, wie z. B. in Gebrauchsanweisungen.

In dieser Nacht wurde die Fensterscheibe eingeworfen.
Die Gläser sind zerbrochen worden.
Dann werden die Verbindungsstücke in die Seitenwände eingefügt.

Vorgangspassiv und Zustandspassiv

Vorgangspassiv

- Das Vorgangspassiv beschreibt einen Vorgang oder eine Handlung. Der Handelnde muss dabei nicht genannt werden.

Die Tür **wird geöffnet.** Das Fahrrad **wurde abgeschlossen.**

Wenn er jedoch genannt wird, wird er mit **von** oder **durch** angeschlossen.

Das Haus ist **durch** Bomben im Zweiten Weltkrieg zerstört worden.

- Es wird mit der konjugierten Form von **werden** und dem Partizip II gebildet.

er **wird** gelobt, er **wurde** gelobt, er **ist** gelobt **worden** ...

Zustandspassiv

- Das Zustandspassiv beschreibt einen Zustand oder ein Ergebnis als Folge eines Vorgangs.
- Es wird mit der konjugierten Form von **sein** und dem Partizip II gebildet. Man verwendet das Zustandspassiv meistens nur im Präsens und Präteritum.

Die Tür **ist geöffnet.** (Sie steht also auf.) Das Fahrrad **war abgeschlossen.** Der Antrag **ist** bereits **abgelehnt**. Das Stadtgebiet **war** wegen des Marathonlaufs weiträumig **abgesperrt.**

	Vorgangspassiv (Indikativ)	Zustandspassiv (Indikativ)
	werden + Partizip II	**sein** + Partizip II
Präsens:	ich werde gelobt	sie (die Tür) ist geschlossen
Präteritum:	ich wurde gelobt	sie war geschlossen
Perfekt:	ich bin gelobt worden	sie ist geschlossen gewesen
Plusquamperfekt:	ich war gelobt worden	sie war geschlossen gewesen
Futur I:	ich werde gelobt werden	sie wird geschlossen sein
Futur II:	ich werde gelobt worden sein	sie wird geschlossen gewesen sein

Persönliches und unpersönliches Passiv

Persönliches Passiv ■ Beim persönlichen Passiv wird derjenige, der von der Handlung betroffen ist, genannt und ist **Subjekt** des Satzes.	**Der Patient** wird geheilt. **Die Kinder** werden fotografiert. **Das Klingeln des Smartphones** wurde von allen gehört.
Unpersönliches Passiv ■ Beim unpersönlichen Passiv wird derjenige, der von der Handlung betroffen ist, nicht genannt. Stattdessen steht **es** als Platzhalter für das Subjekt. ■ **Es** kann aber auch fehlen.	**Es** wird die ganze Zeit geflüstert. **Es** wurde ständig gesungen. **Es** ist immer wieder geklatscht worden. Da wird die ganze Zeit geflüstert. Ständig wurde gesungen. Oft ist geklatscht worden.

BESONDERS NÜTZLICH

Die Umwandlung vom Aktiv ins Passiv

Beispielsatz:

Die Freunde	Ein Erklärvideo
erstellen	zum Thema Passiv
ein Erklärvideo	wird
für den Deutschunterricht	von den Freunden
zum Thema Passsiv.	für den Deutschunterricht
	erstellt.

Subjekt	→	Ergänzung mit der Präposition **von**
Aktivform	→	Passivform (als Verbklammer, ↑ S. 39)
Akkusativobjekt	→	Subjekt
alle übrigen Satzglieder	→	keine Veränderung

Der Modus (Aussageweise)

Verben können durch ihren Modus ausdrücken, ob es sich um eine **Tatsache**, einen **Wunsch** oder eine **Aufforderung** handelt. Man unterscheidet deshalb drei Modi: den **Indikativ** (Wirklichkeitsform), den **Konjunktiv** (Möglichkeitsform) und den **Imperativ** (Befehlsform).

Der Indikativ

Gebrauch	
■ Der Indikativ ist als neutraler Modus des Verbs die Grund- oder Normalform einer sprachlichen Äußerung. ■ Der Indikativ wird verwendet, um tatsächliche Begebenheiten und Sachverhalte darzustellen. ■ Diese Sachverhalte können aber auch wie im Märchen nur ausgedacht oder allgemeingültig sein.	Die Freundinnen **treffen** sich in der Stadt. Sie **wollen** ein Geschenk für Lina kaufen. Lina **macht** ein Austauschjahr in Kanada. Sie **freut** sich auf die neuen Erfahrungen. Vorher **plant** sie aber noch eine Abschiedsparty. Rumpelstilzchen **sprang** um das Feuer und **sang** dabei sein Lied. Lügen **haben** kurze Beine.

Der Konjunktiv I

Gebrauch und Bildung

■ Der Konjunktiv I wird vorwiegend in der Schriftsprache verwendet.	
■ Der **Konjunktiv I** wird in Aussagen verwendet, die einen Wunsch, eine Aufforderung oder einen Ausruf ausdrücken. In dieser Funktion wird er in erster Linie in Anleitungen und Anweisungen verwendet.	Er **ruhe** in Frieden. Man **nehme** drei Eier. Sie **lebe** hoch! Man **nehme** drei Eier und **schlage** sie schaumig.
■ Man gebraucht die Formen des Konjunktivs I in der **indirekten Rede.** Oft wird in der gesprochenen Sprache auf den Konjunktiv I verzichtet und stattdessen der Indikativ gesetzt, wenn der Nebensatz durch **dass** oder ein **Fragewort** eingeleitet wird.	Er sagte, er **habe** die neue Serie noch nicht gesehen. Sie hat gesagt, **dass** sie für niemanden zu sprechen **ist.** Er hat gefragt, **wann** er kommen **soll.**
■ Der Konjunktiv I wird vom **Präsensstamm** (↑ S. 14) des Verbs gebildet mit den Endungen **-e, -est, -en** oder **-et.**	ich frag**e**, du frag**est**, er/sie/es frag**e**, wir frag**en**, ihr frag**et**, sie frag**en**
■ Der Konjunktiv I kann sich auf die Zeitstufen der **Gegenwart,** der **Vergangenheit** und der **Zukunft** beziehen. Entsprechend gibt es die Formen des Konjunktivs I in den Tempusformen Präsens, Perfekt und Futur I und Futur II.	Sie sagt, sie **gehe** gerade spazieren. Sie sagt, sie **sei** gestern spazieren **gegangen.** Sie sagt, sie **werde** morgen spazieren **gehen.** Sie sagt, sie **werde** morgen spazieren **gegangen sein.**

Konjugation im Aktiv

Indikativ Präsens	Konjunktiv I Präsens	Konjunktiv I Perfekt	Konjunktiv I Futur I	Konjunktiv I Futur II
ich frage	ich frage	ich habe gefragt	ich werde fragen	ich werde gefragt haben
du fragst	du fragest	du habest gefragt	du werdest fragen	du werdest gefragt haben
er/sie/es fragt	er/sie/es frage	er/sie/es habe gefragt	er/sie/es werde fragen	er/sie/es werde gefragt haben
wir fragen	wir fragen	wir haben gefragt	wir werden fragen	wir werden gefragt haben
ihr fragt	ihr fraget	ihr habet gefragt	ihr werdet fragen	ihr werdet gefragt haben
sie fragen	sie fragen	sie haben gefragt	sie werden fragen	sie werden gefragt haben

Der Konjunktiv II

Gebrauch und Bildung

■ Der Konjunktiv II wird als Ausdruck der **Nichtwirklichkeit** verwendet. Die Formen des Konjunktivs II kennzeichnen eine Aussage als unwirklich oder irreal und als nur vorgestellt.	Wir **säßen** gerne im Eiscafé. Stell dir vor, morgen **wäre** dein Geburtstag.
■ In **Wunschsätzen** drückt der Konjunktiv II aus, dass der Wunsch unerfüllbar ist.	Vor der Prüfung: **Wäre** die Stunde doch schon vorbei! **Hätte** ich es nur schon hinter mir!
■ In **Konditionalsätzen** (Bedingungssätzen) drückt der Konjunktiv II besonders häufig Irrealität (Unwirklichkeit) aus. Man nennt diese Sätze **irreale Bedingungssätze.**	**Wenn** ich deine Nummer gehabt **hätte, hätte** ich dir **geschrieben.** (Aber ich hatte sie nicht.) **Wenn** wir Ferien **hätten, wäre** ich noch **mitgegangen.** (Aber es sind keine Ferien.)
■ Der Konjunktiv II wird in **höflichen Aufforderungen** oder **vorsichtigen Feststellungen** verwendet.	**Könnten** Sie das noch einmal wiederholen? So **könnte** es gehen.
■ Der Konjunktiv II wird gebildet vom **Präteritumstamm** des Verbs mit den Endungen **-e, -est, -en** oder **-et.** Bei starken Verben wird der Stammvokal zu einem Umlaut.	ich frag**te**, du frag**test**, er/sie/es frag**te**, wir frag**ten**, ihr frag**tet**, sie frag**ten** nahm → ich nähme, flog → du flögest, tat → er/sie/es täte, hatte → wir hätten
■ Der Konjunktiv II kann sich auf die **Gegenwart,** die **Vergangenheit** und die **Zukunft** beziehen.	Wir **kämen** gerne, wenn wir **könnten.** Wir **wären** gestern gerne **gekommen.** Wir **würden** morgen gerne **kommen.**

Konjugation im Aktiv

Indikativ	Konjunktiv II der Gegenwart	Konjunktiv II der Vergangenheit
ich komme	ich käme	ich wäre gekommen
…	du käm(e)st	du wär(e)st gekommen
	er/sie/es käme	er/sie/es wäre gekommen
Präteritumstamm:	wir kämen	wir wären gekommen
kam- + Umlaut = käm-	ihr käm(e)t	ihr wär(e)t gekommen
	sie kämen	sie wären gekommen

Umschreibung des Konjunktivs II mit würde

■ Bei allen schwachen Verben und bei einigen starken Verben sind die Formen des Konjunktivs II nicht von den Formen des Indikativs im Präteritum zu unterscheiden. Die Umschreibung mit **würde** kennzeichnet den Konjunktiv II eindeutig.	Indikativ	Konjunktiv II
	ich **machte**	ich **machte** (ich würde machen)
	du **machtest**	du **machtest** (du würdest machen)
	er/sie/es **machte**	er/sie/es **machte** (er/sie/es würde machen)
■ Die Umschreibung wird verwendet, wenn die Form des Konjunktivs II ungebräuchlich oder veraltet ist.	Konjunktiv II: Umschreibung:	er böte er **würde** bieten
■ Die Umschreibung wird gebildet mit der Konjunktiv-II-Form des Hilfsverbs **werden (würde)** und dem Infinitiv des Vollverbs.	ich **würde** machen, du **würdest** machen, er/sie/es **würde** machen	

BESONDERS NÜTZLICH

Die direkte und indirekte Rede

Mit der indirekten Rede werden Äußerungen anderer Sprecherinnen/Sprecher wiedergegeben.

- Man verwendet in der indirekten Rede die Formen des Konjunktivs. Grundsätzlich wird in der indirekten Rede der **Konjunktiv I** verwendet.

direkte Rede	**indirekte Rede**
Lena sagt: „Tim feiert bald Geburtstag."	Lena sagt, Tim **feiere** bald Geburtstag.

Wenn die Formen des Indikativs und des **Konjunktivs I** übereinstimmen, benutzt man als Ersatz die Formen des **Konjunktivs II.**

direkte Rede	**indirekte Rede**
Sie sagt: „Wir kommen sicherlich alle."	Sie sagt, sie **kämen** sicherlich alle. sie kommen (Konjunktiv I = Indikativ) → sie kämen (Konjunktiv II)

Sind die Formen des **Konjunktivs II** wiederum identisch mit dem **Indikativ Präteritum,** verwendet man die Umschreibung mit **würde.**

direkte Rede	**indirekte Rede**
Die anderen sagen: „Wir freuen uns über die Einladung."	Die anderen sagen, sie **würden sich** über die Einladung **freuen.** sie freuen sich (Konjunktiv I = Indikativ) sie freuten sich (Konjunktiv II = Indikativ Präteritum) → Umschreibung mit **würde**

Da der Konjunktiv I (wie der Konjunktiv II) nur **eine** Vergangenheitsform hat, wird aus dem **Präteritum,** dem **Perfekt** und dem **Plusquamperfekt** der direkten Rede in der indirekten Rede der **Konjunktiv I Perfekt.**

direkte Rede	**indirekte Rede**
Lena sagt: „Tim **hat** gestern Geburtstag **gefeiert.**"	Lena sagt, Tim **habe** gestern Geburtstag **gefeiert.**
Ole sagt: „Ich **hatte** keine Zeit zu kommen."	Ole sagt, er **habe** keine Zeit **gehabt** zu kommen.
Tim sagt: „Ich **hatte** dich aber **eingeladen.**"	Tim sagt, er **habe** ihn aber **eingeladen.**

- Bei der Umwandlung in die indirekte Rede müssen die **Personalpronomen** der direkten Rede geändert werden. Sie stehen häufig in der 3. Person:

direkte Rede	**indirekte Rede**
Lukas sagt:	Lukas sagt,
„Ich komme gleich."	**er** komme gleich.
„Du kommst gleich."	... **er/sie** komme gleich. / ... **ich** käme gleich.
„Er (Tom) kommt gleich."	... **er** komme gleich.
„Wir kommen gleich."	... **sie** kämen gleich. / ... **ihr** kommet gleich.
„Sie kommen gleich."	... **sie** (die anderen) kämen gleich.

- Der **Imperativ** der direkten Rede wird in der indirekten Rede mit den Modalverben **mögen** oder **sollen** umschrieben. Die Wahl des jeweiligen Modalverbs richtet sich nach der Strenge der Äußerung.

direkte Rede	indirekte Rede
Ole bittet: „Sei mir nicht böse."	Ole bittet, er **möge** ihm nicht böse sein.
Tim erwidert: „Mach das bloß nicht noch mal!"	Tim erwidert, er **solle** das nicht noch mal machen.

- **Ergänzungsfragen** werden in der indirekten Rede in indirekte Fragesätze umgewandelt. Das Fragepronomen wird übernommen. Die indirekte Frage steht im Konjunktiv.

direkte Rede	indirekte Rede
Lena fragt: „**Warum** hattest du keine Zeit?"	Lena fragt, **warum** er keine Zeit gehabt habe.

- **Entscheidungsfragen** werden in der indirekten Rede zu indirekten Fragen umgewandelt, die durch die Subjunktion **ob** eingeleitet werden. Sie stehen ebenfalls im Konjunktiv.

direkte Rede	indirekte Rede
Ole fragt: „Bekommt Lilly ein Glas Wasser?"	Ole fragt, **ob** Lilly ein Glas Wasser **bekomme.**

Der Imperativ

Merkmale und Bildung

■ Der Imperativ drückt eine direkte **Aufforderung** aus: einen **Wunsch,** eine **Bitte,** einen **Befehl** oder ein **Verbot.** ■ Er kann sich an eine oder mehrere Personen richten.	**Komm** nach Hause! **Spiel** doch etwas leiser! **Sei** mir nicht böse! **Hör** auf! **Wasch** dir dein Gesicht! **Haltet** den Dieb!
■ Die Imperativform kann nur im Präsens in der 2. Person Singular und Plural gebildet werden. Die 2. Person Singular wird in der Regel mit dem **Präsensstamm** (↑ S. 14) des Verbs und der **Endung -e** gebildet, im Plural wird die Endung **-t** angehängt. Das **-e** kann im Singular auch wegfallen.	Singular / Plural entschuldigen: entschuldig**e** / entschuldig**t** wecken: weck**e** / weck**t** sagen: sag / sag**t**
■ Einige schwache Verben, die im Präsens einen Wechsel des Vokals von **e** zu **i** haben, bilden den Imperativ ohne die Endung **-e** und mit **i** im Stamm.	geben – gib, helfen – hilf, lesen – lies, nehmen – nimm, vergessen – vergiss aber: werden – werd(e)
■ Die Imperativformen von **sein** sind **sei** und **seid.**	**Sei** bitte pünktlich! **Seid** um drei Uhr hier!
■ Der Imperativ kann auch eine Höflichkeitsform bilden. Hier wird das Personalpronomen beibehalten.	**Gehen** Sie bitte **weiter! Seien** Sie doch **still!**
■ Richtet man eine direkte Aufforderung (↑ S. 45) an eine Gruppe, der man selbst angehört, wird die **wir-Form** benutzt.	**Gehen wir! Versuchen wir** es noch einmal!
■ Der Imperativ von trennbaren Verben besteht aus zwei Teilen. Der Verbzusatz (meist eine Präposition) steht am Ende des Aufforderungssatzes.	Steh **auf! Ziehen** Sie das bitte **an! Mach** die Tür **zu!**

1.4 Das Adjektiv (Eigenschaftswort)

BLICKPUNKT

Adjektiv

sensorisch (mit den Sinnen erfassbar)	**qualifizierend** (bewertend)	**relational** (eine Zugehörigkeit ausdrückend)	**klassifizierend** (eine Klasse / einen Typ bezeichnend)
blau, rund, sauber, leise, rau	schön, ehrlich, klug, sportlich, hoch	europäisch, deutsch, christlich, moslemisch	schulisch, ärztlich, mittelalterlich

Eigenschaften

Die Verwendung des Adjektivs

Es gibt verschiedene Möglichkeiten, wie ein Adjektiv verwendet wird:

als Attribut (Beifügung):	
■ Das Adjektiv bezieht sich auf ein Nomen und bildet mit ihm eine Einheit (attributive Wortgruppe).	der alte Wein, die graue Maus, das kleine Kind, die neuen CDs
■ Meistens stehen attributiv gebrauchte Adjektive vor dem Nomen.	mein altes Sofa, die ärztliche Hilfe, ein schöner Frühlingsregen
■ Sie werden **flektiert** (dekliniert) und stimmen in Genus (Geschlecht), Numerus (Zahl) und Kasus (Fall) mit dem Nomen überein.	der alte Hut (Nominativ) des alten Hutes (Genitiv) dem/den alten Hut (Dativ/Akkusativ)
prädikativ:	
■ Als prädikatives Adjektiv ist das Adjektiv Teil eines Prädikats (Adjektivgruppe).	
■ Es steht dann häufig nach den Verben **sein, werden** und **bleiben.**	Sie ist **neugierig.** Es wird **dunkel.** Sie bleibt **freundlich.**
■ Das Adjektiv ist dann **unflektiert** (unverändert).	
■ Wird der Superlativ prädikativ verwendet, wird ihm **am** vorangestellt.	Dieses Bild ist **am schönsten.** Von allen Farben ist mir Rot **am liebsten.**
als Adverb:	
■ Jedes Adjektiv kann auch in Funktion eines Adverbs gebraucht werden.	Der Vater **liest laut.** (Wie liest der Vater?)
■ Das Adverb bezieht sich dann auf das Verb.	Die Sonne **scheint warm** vom Himmel. (Wie scheint die Sonne?)
■ Es wird unflektiert verwendet und hat **keine** spezielle **Endung** (wie es z. B. im Englischen oder Lateinischen der Fall ist).	Mit dem Fahrrad **fahren** wir **schnell.** (Wie fahren wir mit dem Fahrrad?)
als Nomen:	
■ Die meisten Adjektive können wie Nomen gebraucht werden.	Weißt du schon das **Neueste?** Wir wünschen euch alles **Gute!**
■ Die Adjektive werden dann großgeschrieben.	Der/Die **Älteste** soll mit dem Spiel beginnen.

Die Komparation (Steigerung)

Merkmale

■ Adjektive kann man steigern, d.h., es werden Komparationsformen (Vergleichsformen) gebildet. Die Grundform nennt man **Positiv,** die Komparationsstufen heißen **Komparativ** und **Superlativ.**	schön, schöner, am schönsten Die Königin ist **schön.** Schneewittchen ist **schöner** (**als** die Königin). Schneewittchen ist **am schönsten** (im Vergleich zu allen).
■ Bei Vergleichen steht im Positiv der Adjunktor **wie,** im Komparativ **als** und im Superlativ das Wort **am.**	Positiv: Hannah ist **so groß wie** Jonas. Komparativ: Jonas ist **größer als** du. Superlativ: Ich bin von uns vieren **am größten.**
■ Der Superlativ drückt nicht nur den höchsten Grad aus. Er kann auch ohne einen direkten Vergleich einen **sehr hohen Grad** ausdrücken. Dieser Superlativ heißt **absoluter Superlativ** oder **Elativ.**	Beim **leisesten** Geräusch wachte der Schlossbesitzer auf. Er hatte nicht die **geringste** Ahnung, woher die Geräusche kamen.

Bildung

Komparativ ■ Zeichen des Komparativs ist die Endung **-er.** ■ **a, o** und **u** werden zu **ä, ö** und **ü.**	 breit**er**, klein**er**, leicht**er**, schön**er**, schwer**er** **ä**rm**er**, gr**öß**er, j**ü**ng**er**
Superlativ ■ Zeichen des Superlativs ist der Wortbaustein **-st-.** ■ **a, o** und **u** werden meist zu **ä, ö** und **ü.** ■ Bei einigen Adjektiven wird vor die Superlativendung **-st** ein **-e-** eingeschoben.	 am klein**st**en, am schön**st**en, am schwer**st**en am **ä**rm**st**en, am gr**öß**ten, am j**ü**ng**st**en am kürz**est**en, am leicht**est**en, am leis**est**en, am weit**est**en

Besonderheiten: ■ Einige wenige Adjektive haben **unregelmäßige Komparationsformen.**	 gut, besser, am besten viel, mehr, am meisten wenig, weniger, am wenigsten
■ Nicht alle Adjektive können gesteigert werden. So gibt es **keine Komparationsformen** zu Adjektiven, die von ihrer Bedeutung her kein Mehr oder Weniger zulassen. Auch Farbadjektive werden meist nicht gesteigert.	absolut, blind, blitzschnell, dreieckig, einzig, erstklassig, lebendig, maximal, nackt, quadratisch, steinreich, sterblich, stumm, tot, total gelb, grün, rot

1.5 Das Adverb (Umstandswort)

Adverbien sind unveränderlich und werden deshalb nicht dekliniert. Ein Adverb kann an mehreren Stellen im Satz stehen. Es liefert zusätzliche inhaltliche Informationen. Adverbien gehören zur Gruppe der unflektierbaren Wörter (↑ Grafik S. 6).

Arten von Adverbien	
Es gibt vier verschiedene Arten von Adverbien, die den Umstand eines Geschehens genauer beschreiben: **Lokale Adverbien** (Adverbien des Ortes): ■ Sie geben einen Ort, die Herkunft oder ein Ziel an. ■ Sie werden mit den Fragewörtern **wo?, woher?** und **wohin?** erfragt. ■ Zu ihnen gehören: bergauf, da, dahin, dort, dorther, draußen, fort, her, hier, irgendwoher, links, nirgends, oben, rechts, überall, überallhin, unten, weg.	Ich habe mich **draußen** mit Freunden getroffen. **Dort oben** habe ich das neue Buch ins Regal gestellt. **Irgendwoher** hörte sie ein Klingelzeichen. Wenn Sie **links** entlanggehen, können Sie den Kölner Dom sehen. Er hat **nirgends** passende Schuhe gefunden.
Temporale Adverbien (Adverbien der Zeit): ■ Sie geben einen Zeitpunkt, eine zeitliche Dauer oder eine Wiederholung an. ■ Sie antworten auf die Fragen **wann?, wie lange?** und **wie oft?**. ■ Zu ihnen gehören: bisher, damals, demnächst, einst, endlich, gestern, immer, jetzt, kürzlich, morgen, morgens, nie, niemals, oft, schließlich, sonntags, spätestens, wieder.	**Damals** habe ich es nicht gewusst. Ich habe **jetzt erst** von dem Termin erfahren. Die Aufführung **morgen** werde ich mit Sicherheit besuchen. Wir haben **endlich** Ferien!
Modale Adverbien (Adverbien der Art und Weise): ■ Sie geben die Art und Weise an. ■ Sie antworten auf die Fragen **wie?, auf welche Weise?** und **womit?**. ■ Zu ihnen gehören: allerdings, auch, besonders, bestimmt, durchaus, freilich, genauso, gerade, hoffentlich, insbesondere, jedoch, keineswegs, sehr, sicher, so, sogar, vergebens, vielleicht.	Ich esse **sehr gerne** Sushi. Wir haben in Berlin **keineswegs** alles gesehen. **Hoffentlich** bin ich bald wieder gesund. Ich habe **vielleicht** eine bessere Idee.
Kausale Adverbien (Adverbien des Grundes): ■ Sie geben den Grund oder die Ursache einer Handlung oder eines Geschehens an. ■ Sie antworten auf die Frage **warum?**. ■ Zu ihnen gehören: also, andernfalls, anstandshalber, daher, darum, demnach, deshalb, folglich, nämlich, somit.	Er hat diese Nacht kaum geschlafen, **darum** sieht er so müde aus. Wir haben **demnach also** den ganzen Tag zur freien Verfügung. Ich bitte dich zu gehen; **andernfalls** muss ich laut werden.

Verwendung und Funktion

Im Satz übernimmt das Adverb, je nachdem, worauf es sich bezieht, verschiedene Funktionen.	
■ als **selbstständiges Satzglied** (Adverbial): Das Adverb bezieht sich auf das Verb oder den ganzen Satz.	Hannah sprang **kopfüber** ins tiefe Wasser: **Vielleicht** regnet es gleich.
■ als **Attribut**: Das Adverb bezieht sich auf einzelne Wörter oder Wortgruppen wie Adjektive, andere Adverbien oder Nomen. Es kann in diesen Fällen vor- oder nachgestellt sein.	Der Händler verkaufte **sehr** große Äpfel. Ich werde **erst** nachmittags kommen. Das Spiel **gestern** endete unentschieden.
■ **innerhalb einer festen Fügung:** Das Adverb steht bei einer Präpositionalgruppe, die eine Zahlangabe enthält.	Es gibt **spätestens** in zwei Stunden Abendbrot. In **spätestens** fünf Minuten ist aufgeräumt! Mein Freund kommt in **frühestens** einer Stunde.

Die Komparation (Steigerung)

Einige wenige Adverbien bilden Komparationsformen (Vergleichsformen), obwohl sie eigentlich unveränderbar sind. Der Komparativ und der Superlativ werden dann meist von einem anderen Wortstamm als dem der Grundstufe gebildet. Die Formen werden wie bei der Komparation der Adjektive gebildet (↑ S. 25).	gern, lieber, am liebsten bald, eher, am ehesten sehr, mehr, am meisten

1.6 Das Pronomen (Stellvertreter, Fürwort)

Pronomen übernehmen im Text wichtige Funktionen. Sie können ein schon bekanntes Nomen ersetzen, auf etwas Folgendes hinweisen oder auf etwas bereits Genanntes zurückverweisen. Dadurch können Wiederholungen oder komplizierte Formulierungen vermieden werden.

BLICKPUNKT

In einem fernen Land lebte eine schöne Prinzessin. **Sie** war so schön, dass von überall her die Menschen kamen, nur um sie anzusehen. **Das** war für die Prinzessin aber überaus lästig. Und so war **es** nicht weiter verwunderlich, dass sie das Haus bald nicht mehr verlassen wollte. **Dieses** Haus hatte sie ganz nach ihrer Vorstellung gestaltet. Es gab große Toberäume und kleine Kuschelecken. **Diese** waren mit vielen bunten Kissen ausgelegt, in **jenen** standen unterschiedlichste Klettergerüste.

Das Personalpronomen

■ Das Personalpronomen steht als Stellvertreter für: – die sprechende Person (1. Person), – die angesprochene Person (2. Person) oder – die Person, über die gesprochen wird (3. Person).	 ich, wir du, ihr er/sie/es, sie
■ In der **3. Person Singular** gibt es für jedes der drei Geschlechter eine eigene Form.	er (Maskulinum), sie (Femininum), es (Neutrum)
■ Die 3. Person wird vor allem für ein Nomen verwendet, das man gerade genannt hat und nicht wiederholen möchte.	Der Mann geht über die Straße. Er (anstelle von: Der Mann) geht schnell.
■ Die 3. Person Plural wird auch als **Höflichkeitsform** der Anrede benutzt und dann immer großgeschrieben.	Bitte entschuldigen **Sie**, aber kann ich **Ihnen** helfen?

Deklination			
Singular	1. Person	2. Person	3. Person
Nominativ	ich	du	er/sie/es
Genitiv	meiner	deiner	seiner/ihrer/seiner
Dativ	mir	dir	ihm/ihr/ihm
Akkusativ	mich	dich	ihn/sie/es
Plural	1. Person	2. Person	3. Person
Nominativ	wir	ihr	sie
Genitiv	unserer	eurer	ihrer/Ihrer
Dativ	uns	euch	ihnen
Akkusativ	uns	euch	sie

Das Reflexivpronomen (rückbezügliches Fürwort)

■ Das Reflexivpronomen drückt aus, dass sich ein Geschehen oder eine Handlung auf den Handelnden (das Subjekt) selbst **zurückbezieht**.	Ich schäme **mich.** Er schämt **sich.** Ich verzeihe **mir.** Sie verzeiht **sich.**
■ Zur Verstärkung kann **selbst** hinzugesetzt werden.	Er bedankte **sich selbst** bei seinen Freunden.
■ Das Reflexivpronomen hat in der **3. Person** Singular und Plural im **Dativ** und im **Akkusativ** die gleiche Form: **sich.** Die übrigen Formen entsprechen den Formen des Personalpronomens.	Er gibt **sich** die Schuld an dem Unglück. (wem?) Sie verletzt **sich** an der Schere. (wen?)

Deklination				
		1. Person	2. Person	3. Person
Singular	Dativ	mir	dir	sich
	Akkusativ	mich	dich	sich
Plural	Dativ	uns	euch	sich
	Akkusativ	uns	euch	sich

Das Possessivpronomen (besitzanzeigendes Fürwort)

- Das Possessivpronomen drückt aus, zu wem eine Person oder eine Sache gehört.

  Das ist **meine** Tasche und das ist **deine** Tasche.
  Tina sucht **ihre** Tasche.

- Es wird aber auch dann verwendet, wenn kein wirkliches Besitzverhältnis vorliegt.

  Ich muss gehen. **Mein** Zug fährt gleich.

- Zur Verstärkung kann zum Possessivpronomen das Adjektiv **eigen** hinzugesetzt werden.

  mein Buch – mein **eigenes** Buch
  deine Tasche – deine **eigene** Tasche

- Meistens werden Possessivpronomen als **Begleiter** eines Nomens verwendet und stehen dann **vor** dem Bezugswort.

  Meine Schultasche ist sehr schwer.

- Sie können aber auch als Stellvertreter (↑ S. 27) verwendet werden und ersetzen dann ein Nomen.

  Wessen Schlüssel ist das? Das ist **meiner.**

- Die Höflichkeitsformen **Ihr, Ihre** werden großgeschrieben.

  Ich habe **Ihren** Brief erhalten.

Deklination*				
		Maskulinum	Femininum	Neutrum
Singular	Nominativ	mein Ring	meine Uhr	mein Armband
	Genitiv	mein**es** Rings	mein**er** Uhr	mein**es** Armbands
	Dativ	mein**em** Ring	mein**er** Uhr	mein**em** Armband
	Akkusativ	mein**en** Ring	mein**e** Uhr	mein Armband
Plural	Nominativ	mein**e** Ringe	mein**e** Uhren	mein**e** Armbänder
	Genitiv	mein**er** Ringe	mein**er** Uhren	mein**er** Armbänder
	Dativ	mein**en** Ringen	mein**en** Uhren	mein**en** Armbändern
	Akkusativ	mein**e** Ringe	mein**e** Uhren	mein**e** Armbänder

* Den verschiedenen Personen entsprechend sind die Pronomen **mein, dein, sein, ihr, unser, euer, ihr** zu verwenden. Hier wird die Deklination am Beispiel der 1. Person dargestellt.

Das Demonstrativpronomen (hinweisendes Fürwort)

- Demonstrativpronomen werden verwendet, um auf eine Person, einen Gegenstand oder Sachverhalt oder einen ganzen Satz hinzuweisen. Diese Person oder Sache wird dadurch besonders hervorgehoben.

  Ich habe zwei Brüder. **Diese** sind beide älter als ich.
  Heute kommt „Herr der Ringe". **Diesen** Film kenne ich.

- Sie können sowohl als Begleiter als auch als Pronomen (Stellvertreter) verwendet werden.

  Begleiter: **Dieses** Angebot gilt für den Computer.
  Stellvertreter: **Dieser** (gemeint ist der Computer) ist sonst viel teurer.

■ Es gibt verschiedene Demonstrativpronomen: – dieser, diese, dieses,	**Dieses** Kleid habe ich gemeint.
– der, die, das (werden dekliniert wie der Artikel; ↑ S. 9),	**Der** dort drüben hat den gleichen Pulli an.
– jener, jene, jenes (werden dekliniert wie **dieser, diese, dieses**),	**Jenes** Buch habe ich gelesen.
– derselbe, dieselbe, dasselbe,	Leon und Lisa fahren verschiedene Strecken, aber sie haben **dasselbe** Ziel.
– derjenige, diejenige, dasjenige.	**Diejenigen,** die das Ziel eher erreichen, warten auf die anderen.
■ Die Bedeutung von **dieser, diese, dieses** und **jener, jene, jenes** ist unterschiedlich: Mit **dieser** weist man auf eine Person oder Sache hin, die räumlich oder zeitlich nahe ist.	Meinst du **dieses** Kind hier am Zaun oder **jenes** dort am Baum? Hast du dir an **diesem** oder an **jenem** Tag, als es geschneit hat, den Arm gebrochen?
■ Demonstrativpronomen richten sich in Numerus, Genus und Kasus nach dem Nomen, bei dem sie stehen oder das sie ersetzen.	dieser Mann: Nominativ Singular Maskulinum diesen Mann: Akkusativ Singular Maskulinum

Deklination

	Singular			Plural
	Maskulinum	Femininum	Neutrum	Maskulinum/Femininum/Neutrum
Nominativ	dieser	diese	dieses	diese
Genitiv	dieses	dieser	dieses	dieser
Dativ	diesem	dieser	diesem	diesen
Akkusativ	diesen	diese	dies(es)	diese
Nominativ	derselbe	dieselbe	dasselbe	dieselben
Genitiv	desselben	derselben	desselben	derselben
Dativ	demselben	derselben	demselben	denselben
Akkusativ	denselben	dieselbe	dasselbe	dieselben
Nominativ	derjenige	diejenige	dasjenige	diejenigen
Genitiv	desjenigen	derjenigen	desjenigen	derjenigen
Dativ	demjenigen	derjenigen	demjenigen	denjenigen
Akkusativ	denjenigen	diejenige	dasjenige	diejenigen

Das Indefinitpronomen (unbestimmtes Fürwort)

Es gibt viele Indefinitpronomen: einige, etliche, etwas, irgendjemand, jeder, jemand, kein, man, mancher, mehrere, niemand.

■ Das Indefinitpronomen wird verwendet, wenn über Personen, Sachverhalte, Mengen oder Größen keine näheren Angaben gemacht werden.	Die Serie muss **man** gesehen haben. **Irgendjemand** spielt Klavier. **Jeder** Mensch hat Eltern.
■ Indefinitpronomen werden sowohl als Stellvertreter für ein Nomen als auch als Begleiter verwendet.	Stellvertreter: Endlich Ferien! Darüber freuen sich **alle.** Begleiter: Gerade hat **irgendein Hund** gebellt.
■ Sie richten sich nach dem Adjektiv oder Nomen, das sie begleiten oder ersetzen.	manches Kind: Nominativ Singular Neutrum jeder Mensch: Nominativ Singular Maskulinum

Deklination

- Im Allgemeinen richtet sich die Deklination der Indefinitpronomen nach dem Nomen, das sie begleiten oder ersetzen.

jeder Mensch, **etliche** geeignete Bewerberinnen und Beweber

- Die Indefinitpronomen **man, etwas** und **nichts** sind unveränderlich.

Man kann das Fahrrad mieten.
Ich habe **etwas** Schönes gesehen.
Es gibt **nichts** Gutes, außer man tut es.

Das Interrogativpronomen (Interrogativadverb, Fragewort, fragendes Fürwort)

- Interrogativpronomen leiten Fragen ein. Dies können Ergänzungsfragen oder indirekte Fragesätze sein.

Ergänzungsfrage: **Wer** hat da gerufen?
Indirekter Fragesatz: Weißt du, **wer** da ruft?

- Die Interrogativpronomen **wer?** und **was?** werden in einem Fragesatz als Stellvertreter gebraucht und können das Nomen eines Satzes ersetzen. **Wer?** steht für eine Person, **was?** für eine Sache.

Das Kind schläft. → **Wer** schläft?
Das Handy klingelt. → **Was** klingelt?

- Die Interrogativpronomen **welcher?, welche?, welches?** kommen als Begleiter und als Stellvertreter des Nomens vor. Sie bezeichnen eine Auswahl oder eine Art. Sie richten sich in Numerus, Genus und Kasus nach dem Nomen, bei dem sie stehen oder das sie ersetzen, und werden wie **dieser, diese, dieses** dekliniert.

Begleiter: **Welches Spiel** sollen wir spielen?
Stellvertreter: **Welches** gefällt euch besser?

- Das mehrteilige Interrogativpronomen **was für ein (eine, einen)?** fragt nach bestimmten Eigenschaften oder Merkmalen. Dabei bleibt **was für** unverändert und nur **ein, eine, ein** werden dekliniert.

Was für ein Auto willst du dir kaufen?
Was für eine Kappe hast du ausgesucht?
Was für einen Burger magst du?

Deklination

Singular	Personen	Sachen
Nominativ	wer?	was?
Genitiv	wessen?	wessen?
Dativ	wem?	(was?)
Akkusativ	wen?	was?

Das Relativpronomen

- Die Relativpronomen **der, die, das, welcher, welche, welches** und **wer, was** leiten Relativsätze ein. Sie stellen eine Beziehung zwischen einem Satzteil des Hauptsatzes und dem Nebensatz her; der Satzteil wird dadurch näher bestimmt.

Das Mountainbike, das ich gesehen habe, hatte eine gute Ausstattung.
Ich habe es in **dem Laden** gesehen, **der** erst kürzlich eröffnet hat.

- Das Relativpronomen stimmt in Genus und Numerus mit seinem Bezugswort überein.
- Der Kasus des Relativpronomens hängt davon ab, welches Satzglied das Relativpronomen **innerhalb des Relativsatzes** darstellt.

Ich sah einen **Mann, der** eine Tasche trug.
Genus, Numerus — Kasus (Nominativ)

Ich sah einen **Mann, den** ich schon kenne.
Genus, Numerus — Kasus (Akkusativ)

1.7 Die Präposition (Verhältniswort)

Präpositionen kennzeichnen bestimmte Beziehungen oder Verhältnisse. Sie gehören zu den unflektierbaren Wörtern, sind also in ihrer Form nicht veränderlich. Sie treten immer zusammen mit einem anderen Wort auf, meist einem Nomen, einem Adjektiv oder Pronomen. Sie bilden zusammen eine Wortgruppe **(Präpositionalgruppe).** Dabei geben sie vor, in welchem Kasus (Fall) das dazugehörige Nomen, Adjektiv oder Pronomen steht.

BLICKPUNKT

Beziehung/Verhältnis	Frage		
lokal (Ort)	wo? wohin?	**an** der Autobahnabfahrt **auf** dem Baum **aus** Belgien	**in** die Schule **vor** die Haustür **neben** dem Schrank
temporal (Zeit)	wann?	**an** diesem Tag **seit** mehreren Wochen **in** drei Tagen	**um** 12 Uhr **während** des Winters **ab** neun Uhr
kausal (Grund, Zweck, Folge)	warum? wozu?	**wegen** des Feiertags **dank** deiner Hilfe **aus** Mitleid	**durch** stetiges Üben **zu** deiner Information **zwecks** Belustigung
modal (Art und Weise)	wie?	**mit** meinem Einverständnis **gegen** meinen Willen	**ohne** mein Wissen **gemäß** der Vereinbarung

Präposition und Kasus

- Präpositionen regieren einen bestimmten Kasus (↑ S. 8).

Wir stehen **auf einer Brücke.** (auf → Dativ)

- Einige Präpositionen können je nach Bedeutung auch unterschiedliche Kasus verlangen. Man nennt sie auch **Wechselpräpositionen.** Besonders häufig sind lokale Präpositionen, die entweder den Dativ oder den Akkusativ fordern. Antwortet eine lokale Präposition auf die Frage **wo?,** wird der Dativ angeschlossen, antwortet sie auf die Frage **wohin?,** der Akkusativ.

Der Vogel sitzt **auf dem Baum.** (wo? → Dativ)
Die Katze klettert **auf den Baum.** (wohin? → Akkusativ)
Er parkt seinen Wagen **in dem Parkhaus.** (wo? → Dativ)
Er fährt seinen Wagen **in das Parkhaus.** (wohin? → Akkusativ)

- Mehrere Präpositionen können hintereinanderstehen, wenn sie den gleichen Kasus fordern.

Hinter, vor und **neben** dem Auto lagen lange Nägel.

- Bei Präpositionen, die verschiedene Kasus erfordern, richtet sich der Kasus des Nomens oder Pronomens nach der Präposition, die zuletzt steht.

„Sind die Kinder mit oder **ohne Geschwister** eingeladen?“ – „Sie sind, soweit ich weiß, teils ohne und teils **mit Geschwistern** eingeladen.“

Stellung der Präposition	
Es gibt drei Möglichkeiten, wo sie stehen kann:	
■ vor dem Beziehungswort,	**nach** Feierabend, **mit** den Kindern, **aus** Berlin
■ hinter dem Beziehungswort,	einem Gerücht **zufolge**, der Natur **zuliebe**
■ das Beziehungswort umklammernd.	**von** heute **an**, **um** des Friedens **willen**

Verschmelzung von Präposition und Artikel	
■ Einige Präpositionen können mit dem jeweiligen Artikel zu einer Wortform verschmelzen.	an + dem → **am**, von + dem → **vom** in + dem → **im**, zu + dem → **zum**
■ In vielen festen Wendungen ist nur die verschmolzene Form möglich.	**zum Essen** rufen, **im Sinne** von **aufs Ganze** gehen, **ans Licht** bringen

Präposition mit Adjektiv oder Verb	
Einige Adjektive und Verben stehen oft zusammen mit einer Präposition. Diese kennzeichnet dann jedoch kein bestimmtes Verhältnis, sie verbindet nur das Adjektiv bzw. das Verb mit dem Objekt.	mit Adjektiv: froh **über**, stolz **auf**, befreundet **mit**, behilflich **bei**, bekannt **für** mit Verb: denken **an**, sich freuen **über**, achten **auf**, beginnen **mit**, fragen **nach**

1.8 Die Junktion (Bindewort)

Die Konjunktionen (nebenordnende Junktionen)

Gebrauch und Funktion	
■ Konjunktionen verbinden einzelne Wörter, Wortgruppen oder Hauptsätze. Zu den Konjunktionen gehören: **aber, einerseits … andererseits, entweder … oder, oder, sondern, sowohl … als auch** und **und.**	Ich treffe Jan, Tim **und** Anna. Wir haben **sowohl** in London **als auch** in Paris gelebt. Er hat allen geschrieben, **aber** niemand antwortet.
■ Sie übernehmen verschiedene Funktionen: – Reihung, Zusammenfassung, – Angabe von Alternativen, – Gegensatz, Einschränkung, – Grund.	 und, (so)wie, sowohl … als auch oder, entweder … oder aber, (je)doch, sondern denn

Die Subjunktionen (unterordnende Junktionen)

Gebrauch und Funktion	
■ Subjunktionen verbinden einen Haupt- und einen Nebensatz miteinander. ■ Zu den Subjunktionen gehören u. a. **als, als dass, anstatt dass, bevor, damit, dass, ehe, nachdem, obwohl, ohne dass, während, weil, wenn.**	Sie wählte das Thema, **weil** es interessant war. **Als** er das Handy benutzen wollte, war der Akku fast leer. Sie wollen heute mit dem Vortrag fertig werden, **wenn** sie es schaffen.
■ Subjunktionen, die Infinitivgruppen einleiten, werden auch **Infinitivkonjunktionen** genannt. Dazu gehören: **ohne, (an)statt, um** u. a.	**Um** das entscheiden zu können, benötigen wir weitere Informationen. Er drückte auf „o.k.", **ohne** weiter nachzudenken.

Subjunktionen: Gebrauch und Funktion (Fortsetzung)	
■ Sie übernehmen verschiedene Funktionen:	
– temporal (Zeit),	als, bevor, bis, ehe, nachdem, sobald, während
– kausal (Grund),	da, weil
– final (Zweck),	damit, dass
– konditional (Bedingung),	falls, wenn
– konzessiv (Gegensatz),	obgleich, obwohl, wenn auch
– modal (Art und Weise),	als ob, indem, wie
– ohne eigene Bedeutung.	dass, ob
■ Wörter wie **bis, seit** und **während** können auch als Präpositionen gebraucht werden, dann folgt ihnen ein Nomen.	Subjunktion: Es dauert noch, **bis ich komme.** Präposition: **Bis zur Ankunft** dauert es noch.

1.9 Das Numerale (Zahlwort, Zahladjektiv)

Bestimmte Numeralien

Sie geben die exakte Zahl an:	
■ Grundzahlen (Kardinalzahlen),	null, eins, zwei, drei, … zehn, … hundert
■ Ordnungszahlen (Ordinalzahlen),	der Erste, die Zweite, … der Tausendste, das erste Mal, die zweite Woche …
■ Zahladverbien,	erstens, zweitens, drittens
■ Bruchzahlen,	ein halb, anderthalb, ein Viertel
■ Vervielfältigungszahlen,	einfach, zweifach, dreifach
■ Wiederholungszahlen,	einmal, zweimal, dreimal
■ Einteilungszahlen.	je einer, je zwei, in Gruppen zu je fünf

Unbestimmte Numeralien

Sie lassen die genaue Zahl oder Menge offen und bezeichnen nur eine unbestimmte Menge.	wenig, einige, andere, viele, ganz, zahllos, ein paar, mehr

1.10 Die Interjektion (Ausrufe- und Empfindungswort)

Gebrauch und Funktion	
■ Interjektionen stehen im Satz isoliert und werden deshalb oft von einem nachfolgenden Satz mit einem Komma oder einem Ausrufezeichen abgetrennt. Sie sind nicht flektierbar.	**Brr,** ist das kalt! **Oh,** das ist aber schön! **Aua!** Das tut weh! **Hurra!** Wir haben hitzefrei!
■ Interjektionen kommen vor allem in gesprochener Sprache oder in Comics vor. Interjektionen können:	
– Empfindungen zum Ausdruck bringen,	hm, igitt, nanu, oh, pfui, tja, wow
– Aufforderungen ausdrücken,	basta, dalli dalli, hallo, halt, he, pst, tschüs
– Laute nachahmen,	miau, peng, tatütata, wuffwuff, wumm
– ein Gespräch in Gang halten (Gesprächswörter).	aha, bitte?, genau, hm, ja, richtig, was?

2 Die Wortbildung

2.1 Die Komposition (Zusammensetzung)

- Ein **Kompositum** (Zusammensetzung) ist die Verbindung von zwei oder mehreren Wörtern. Das neu entstandene Wort betont meistens eine besondere Eigenschaft oder ein besonderes Merkmal.

Haus	+ Tür	= Haustür
Stroh	+ Hut	= Strohhut

- Die Teile der Zusammensetzung nennt man **Grundwort** und **Bestimmungswort.** Beide Bestandteile sind in ihrer Reihenfolge nicht beliebig austauschbar, ohne dass sich die inhaltliche Bedeutung verändert.

Bestimmungswort + Grundwort

Wiese + Blume = Wiesenblume
(Blume, die auf Wiesen wächst)
Blume + Wiese = Blumenwiese
(Wiese mit Blumen)

- Das Grundwort steht immer an letzter Stelle und stellt die Basis der Zusammensetzung dar. Die Wortart und das Geschlecht des neu entstandenen Wortes werden durch das Grundwort bestimmt.
- Der erste Wortbestandteil ist das Bestimmungswort, das das Grundwort näher erklärt.

Bestimmungswort + Grundwort

das Fenster	+ die Bank	= die Fensterbank
(Neutrum)	(Femininum)	(Femininum)
Wunder	+ schön	= wunderschön
(Nomen)	(Adjektiv)	(Adjektiv)
fertig	+ Gericht	= Fertiggericht
(Adjektiv)	(Nomen)	(Nomen)

- Fast alle Wortarten können miteinander kombiniert werden.

Eis	+ laufen	= eislaufen
(Nomen)	(Verb)	(Verb)

- Manchmal benötigt man ein Fugenelement, um die Wörter miteinander zu verbinden.

Bestimmungswort	**+ Fugenelement**	**+ Grundwort**
Bild	er	rahmen
Advent	s	kranz

2.2 Die Derivation (Ableitung)

- Bei einer **Derivation** (Ableitung) werden dem Wortstamm Wortbausteine vorangestellt oder angehängt.

freund: **freund**-lich, un-**freund**-lich, **Freund**-schaft
mut: Un-**mut**, **mut**-ig, miss-**mut**-ig

- Vorangestellte Wortbausteine heißen **Präfixe,** die nachgestellten heißen **Suffixe.**

Präfixe: **be**-leben, **ent**-laufen, **ver**-geben, **Miss**-klang, **zer**-brechen
Suffixe: lebend-**ig**, Kind-**heit**, Bild-**ung**, ärger-**lich**, Sauber-**keit**

- Das Ausgangswort kann auch **mit einer inneren Ableitung** im Wortstamm verändert werden. Sie hat oft eine Änderung der Wortart zur Folge. In vielen Fällen ist sie mit dem Anfügen eines **Präfixes** oder **Suffixes** verbunden.

reiten → der Ritt (Verb → Nomen)
schließen → der Schluss
schwarz → schwärzen (Adjektiv → Verb)
Präfix: Mauer → **Ge**-mäuer, Suffix: gut → Güt-**e**

2.3 Die Kurzwortbildung

■ Bei der Kurzwortbildung werden Wörter nicht länger wie bei der Komposition und der Derivation, sondern kürzer, da Wortbestandteile weggelassen werden.	**Auto**mobil → Auto **L**ast**k**raft**w**agen → Lkw **E**uropäische **U**nion → EU
■ Es können einzelne Buchstaben eines Wortes oder einer Wortgruppe stehen bleiben (oft die ersten Buchstaben der einzelnen Wortbestandteile).	**Z**weites **D**eutsches **F**ernsehen → ZDF **W**ireless **L**ocal **A**rea **N**etwork → WLAN
■ Es können Silben oder Silbenteile aus dem Wort oder der Wortgruppe stehen bleiben.	**Kri**minal**po**lizei → Kripo **Schi**eds**ri**chter → Schiri
■ Es kann ein zusammenhängender Teil des Wortes stehen bleiben, manchmal kommt das Suffix **-i** hinzu.	**Mathe**matik → Mathe, **Mikro**fon → Mikro Omni**bus** → Bus **Prof**essionelle(r) → Profi
■ Häufig gibt es auch Mischformen mit Buchstaben, Silben oder ganzen Wörtern der Langform.	**Az**u**bi**ldende(r) → Azubi **h**altbare **Milch** → H-Milch

3 Wortfamilie und Wortfeld

Wortfamilie

■ Wörter, die **denselben Wortstamm** haben, sind sprachlich verwandt und bilden deshalb eine Wortfamilie. Zu einer Wortfamilie gehören Wörter verschiedener Wortarten.	**lachen** lächeln, Lacher, Lacherfolg, lächerlich, lächerlicherweise, Lächerlichkeit, Lachfältchen, Lachgas, lachhaft, Lachhaftigkeit, Lachkrampf
■ Die Wörter einer Wortfamilie können gebildet werden durch: – Zusammensetzungen und – Ableitungen.	**Schlaf** Zusammensetzungen: Schlafanzug, Schlafentzug, Schlafstörung, Schlaftablette, Tiefschlaf, Mittagsschlaf, schlafwandeln Ableitungen: Schläfer, schlafen, schläfrig, schlaflos, verschlafen, ausschlafen, einschlafen

Wortfeld

■ Wörter, die eine **ähnliche Bedeutung** haben, bilden ein Wortfeld.	**sagen** mitteilen, erzählen, behaupten, erläutern, erklären, behaupten, darauf hinweisen, sich äußern, feststellen
■ Wörter mit annähernd gleicher Bedeutung nennt man **Synonyme.**	**plötzlich** auf einmal, unvermittelt, mit einem Mal, ohne Ankündigung

4 Der Satz

Sätze sind **selbstständige sprachliche Einheiten,** die zusammengesetzt zu Texten werden. Jeder einzelne Satz setzt sich wiederum aus kleineren sprachlichen Einheiten, Wörtern oder Wortgruppen, zusammen.

4.1 Die Satzglieder

BLICKPUNKT

Ein Satz besteht aus einzelnen Bausteinen, den Satzgliedern. Ein Satzglied kann aus einem einzelnen **Wort,** einer **Wortgruppe** oder einem **Nebensatz** bestehen.

- Innerhalb eines Satzes übernehmen die Satzglieder bestimmte **inhaltliche** Funktionen.
- Jedes einzelne Wort kann einer Wortart zugeordnet werden und lässt sich **grammatisch** genau bestimmen.

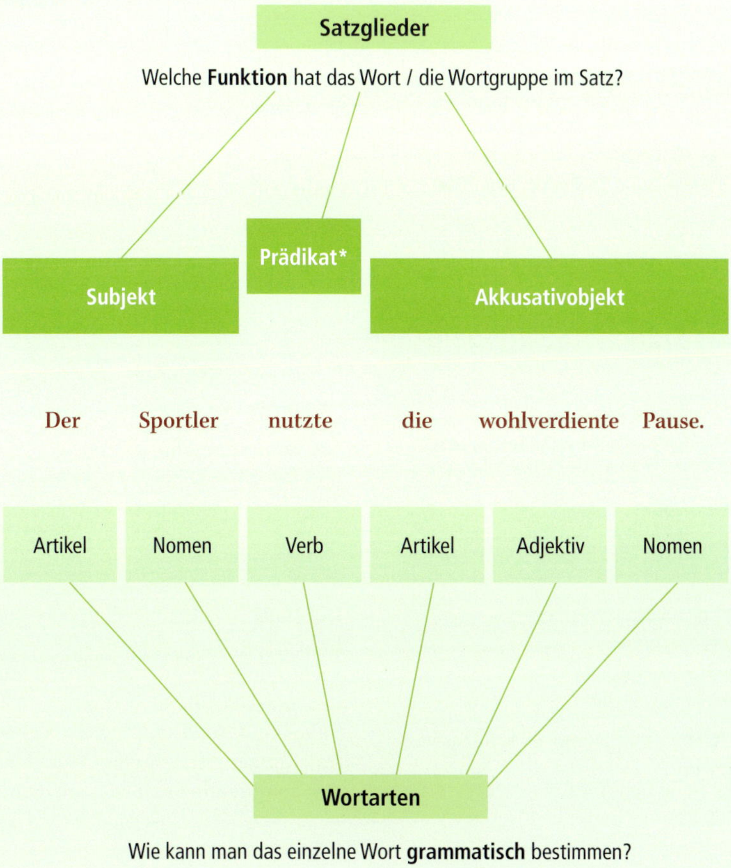

*Streng genommen ist das Prädikat kein Satzglied, da es seine Stellung bei der Umstellprobe nicht verändert.

BESONDERS NÜTZLICH

Die Abgrenzung der Satzglieder

Es gibt zwei Methoden, um festzustellen, welche Wörter zusammengehören und so ein Satzglied bilden: die **Umstell-** oder **Verschiebeprobe** und die **Ersatzprobe.**

- **Umstellprobe/Verschiebeprobe**
  Wörter oder Wortgruppen, die im Satz auch dann als selbstständige Teile oder Blöcke verbunden bleiben, wenn sie innerhalb eines Satzes umgestellt werden, bilden ein Satzglied. Bei der Umstellprobe dürfen die Wörter in ihrer Form nicht verändert werden und der Satz muss weiterhin sinnvoll und vollständig sein.

Ich	lese	gerne	am Abend	ein Buch.
Am Abend	lese	ich	gerne	ein Buch.
Ein Buch	lese	ich	gerne	am Abend.
Gerne	lese	ich	am Abend	ein Buch.

- **Ersatzprobe**
  Ein Satzglied kann immer nur durch ein anderes Satzglied **der gleichen Funktion** ersetzt werden. Das Wort oder die Wortgruppe, die ersetzt werden kann, bildet ein Satzglied. Dabei muss das Wort oder die Wortgruppe, die das vorhandene Satzglied ersetzen soll, nicht gleichen Inhalts sein und auch die Satzkonstruktion muss dabei nicht immer unbedingt erhalten bleiben.

Hannahs Schwester	kommt	**nach einer Weile.**
Sie	kommt	**später.**
Emma	kommt	**in einer Stunde.**

4.1.1 Das Subjekt (Satzgegenstand)

Funktion und Bildung

Das Subjekt ist der Satzgegenstand und wird mit **wer?** oder **was?** erfragt. Das Subjekt steht immer im Nominativ (1. Fall).	**Die Freunde** treffen sich in der Pause. **Das Handy** liegt auf dem Tisch.
Das Subjekt kann aus verschiedenen **Wörtern** oder **Wortgruppen** gebildet sein:	
■ Artikel + Nomen (Nominalgruppe),	**Der Junge** schaltet den Computer an.
■ Pronomen,	**Er** schaltet den Computer an.
■ Zahladjektive (Numeralien),	**Viele** kaufen Eintrittskarten fürs Konzert.
■ einfacher Infinitiv mit **zu,**	**Loszulassen** fällt mir schwer.
■ Aufzählungen,	**Lukas und Noah** sind Leas beste Freunde.
■ Infinitivgruppe,	**Das Konzert zu besuchen,** war eine gute Idee.
■ attributive Wortgruppe (Artikel + Adjektiv + Nomen; ↑ S. 24)	**Das spannende Buch** liegt auf dem Tisch.
■ Partizipialgruppe,	**Frisch gewagt** ist halb gewonnen.
■ Nebensatz (Subjektsatz).	**Wer aufgepasst hat,** weiß nun Bescheid.

4.1.2 Das Prädikat (Satzaussage)

Funktion und Bildung	
■ Das Prädikat ist der wichtigste Teil des Satzes, da sich alle Satzglieder in Inhalt, Stellung und Form nach ihm richten. Ermittelt werden kann das Prädikat mit den Fragen **Was geschieht?** oder **Was tut das Subjekt?**. Das Prädikat wird immer mit einem **konjugierten Verb** gebildet.	Lina **liest** ein Buch. Es **schneit**. Sarah **badet** im See.
Nur das Prädikat verändert seine Stellung bei der Umstellprobe nicht.	Die Klasse **spielt** auf dem Schulhof. Auf dem Schulhof **spielt** die Klasse.
■ Das Prädikat stimmt in **Person** und **Numerus** mit dem Subjekt überein **(Kongruenz)**.	**Jasmin geht** gerne ins Kino. **Ihre Freundinnen gehen** häufig **mit.**
■ Das **einteilige** Prädikat besteht aus einer einzigen konjugierten **(finiten)** Verbform.	Auf dem Schreibtisch **brennt** die Lampe.
■ Ist das Prädikat **mehrteilig** (zusammengesetzt), treten zum finiten Teil des Verbs weitere nicht konjugierte **(infinite)** Prädikatsteile hinzu. Man spricht dann von einer **Satzklammer.**	Auf dem Schreibtisch **hat** die Lampe **gebrannt.**
■ Das zusammengesetzte Prädikat wird verwendet:	
– zur Bildung des Perfekts,	Lukas **hat** schöne Ferien **gehabt.**
– zur Bildung des Plusquamperfekts,	Wir **hatten** nur ein Los **gekauft.**
– zur Bildung des Futurs,	Wir **werden** morgen **kommen.**
– als Passivkonstruktion,	Sie **werden** von den Eltern **abgeholt**.
– bei trennbaren Verben,	Marie **fährt** gerne **weg.** (wegfahren)
– bei Modalverb und Infinitiv.	Ich **möchte** die Zeitung noch **lesen.**

4.1.3 Das Objekt (Satzergänzung)

Manche Sätze sind mit einem Prädikat und einem Subjekt noch nicht vollständig, sondern verlangen **weitere Ergänzungen.** Diese Ergänzungen nennt man Objekte. Es gibt vier verschiedene Arten von Objekten: **Akkusativobjekt, Dativobjekt, Genitivobjekt** und **Präpositionalobjekt.** Nur das Verb – in seltenen Fällen ein Adjektiv oder Nomen – bestimmt, welche und wie viele Ergänzungen notwendig sind und in welchem Kasus (↑ S. 8) sie stehen. Ein Objekt besteht meist aus einem Nomen, einer Nominalgruppe, einem Pronomen oder einer Präpositionalgruppe.

Das Akkusativobjekt

Funktion und Bildung	
Das Akkusativobjekt gibt das Ziel einer Handlung an und beantwortet die Frage **wen?** oder **was?**. Alle Verben mit Akkusativobjekt sind transitiv (↑ S. 11).	Der Junge baut **eine Sandburg.** Was baut der Junge? – Eine Sandburg.

Funktion und Bildung (Fortsetzung)	
Wie das Subjekt kann das Objekt aus verschiedenen Wörtern oder Wortgruppen bestehen:	
■ Artikel + Nomen (Nominalgruppe),	Lea backt **einen Kuchen.** Lara liest **die Nachricht.**
■ Pronomen,	Es ekelt **ihn.** Sie nervt **mich.**
■ Zahladjektive (Numeralien),	Ich esse **viel.**
■ einfacher Infinitiv mit **zu,**	Alina versprach **zu kommen.**
■ Aufzählungen,	Sie suchte **den Rucksack, den Schlüssel, das Handy.**
■ Infinitivgruppe,	Jennifer liebt es, **einfach loszulaufen.**
■ attributive Wortgruppe (↑ S. 41),	Hannah nimmt **den gelben Textmarker.**
■ Partizipialgruppe,	Er betrachtet **das von mir geputzte Mountainbike.**
■ Nebensatz (Objektsatz).	Ich habe gesehen, **was los ist.**

Das Dativobjekt

Funktion und Bildung	
Das Dativobjekt bezeichnet vorwiegend Personen und antwortet auf die Frage **wem?**.	Sie hilft **ihrem Freund.** Wem hilft sie? – Ihrem Freund.
Dativobjekte sind: ■ Nominalgruppen, ■ attributive Wortgruppen, ■ Pronomen.	 Der Sohn ähnelt **seiner Mutter.** Die Tochter ähnelt **dem gemeinsamen Vater.** Der Sohn ähnelt **ihr.**

Das Genitivobjekt

Funktion und Bildung	
Das Genitivobjekt beantwortet die Frage **wessen?** Es gibt nur wenige Verben, die ein Objekt im Genitiv erfordern.	Er bedarf **unserer Hilfe.** Wessen bedarf er? – Unserer Hilfe.
Genitivobjekte bestehen aus: ■ Nominalgruppen, ■ Pronomen, ■ (selten aus) Nebensätzen (Infinitivsätzen).	 Wir nehmen uns **der Hilfsbedürftigen** an. Wir nehmen uns **ihrer an.** Ich erinnere mich, **ihn gesehen zu haben.**
Nur wenn sich die Frage **wessen?** auf das Verb bezieht, wird das **Genitivobjekt** erfragt. Bezieht sich das Fragewort auf ein Nomen, erfragt man ein **Genitivattribut** (↑ S. 41).	Ich erinnere mich **deiner.** Wessen **erinnere** ich mich? – Deiner. Ich treffe die Tochter des Nachbarn. Wessen **Tochter?** – Des Nachbarn.

Das Präpositionalobjekt (Objekt mit einer Präposition)

Funktion und Bildung	
Ein Präpositionalobjekt wird mit einem **Fragewort** und einer **Präposition** erfragt. Diese Präposition ist nicht frei wählbar, sondern hängt vom Verb ab, und bestimmt den **Kasus** (Fall) der gesamten Ergänzung.	Die Klasse freut sich **auf die Ferien.** **Worauf** freut sich die Klasse? – Auf die Ferien. freuen **auf/über** etwas/jemanden, nachdenken **über** etwas/jemanden, abhängen **von** etwas/jemandem, Respekt haben **vor** etwas/jemandem
Es gibt **zwei Formen** des Präpositionalobjekts: ■ präpositionaler Ausdruck, ■ Pronominaladverb (↑ S. 44).	 Die Reisenden warten **auf den Zug.** (Worauf?) Ich freue mich **darüber.** (Worüber?)

Mehrere Objekte

In einem Satz mit mehreren Objekten kann das Akkusativobjekt nicht weggelassen werden.

Anna überreicht ihrem Großvater ein Geschenk.
Wem? Was?

Auf das Dativobjekt kann hingegen verzichtet werden.

Anna überreicht ein Geschenk.

BESONDERS NÜTZLICH

Ein Satzgliedteil: das Attribut

Attribute erläutern **besondere Merkmale** einer Person oder einer Sache. Sie sind also **Beifügungen** zu Nomen und stellen somit einen **Satzgliedteil** dar. Attribute können zu Subjekten, Objekten oder Adverbialen hinzutreten, um diese inhaltlich näher zu kennzeichnen.

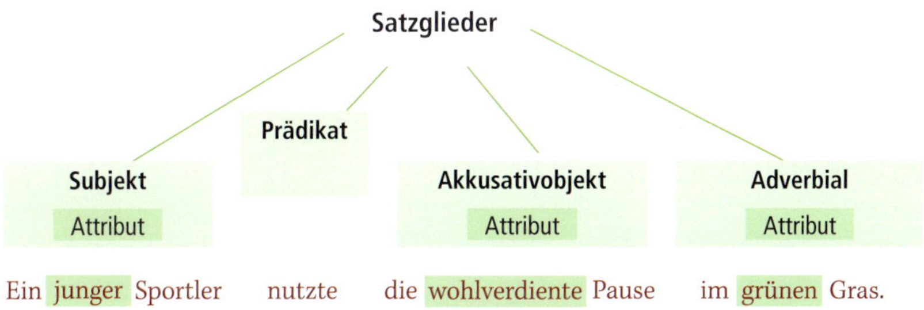

Es gibt verschiedene Formen des Attributs:

■ attributives Adjektiv	Ich habe mir ein **neues spannendes** Buch gekauft.
■ Adverb	In das Haus **dort** sind wir eingezogen.
■ Genitivattribut	Der Besitzer **des Schlüssels** hat sich gemeldet.
■ präpositionales Attribut	Hier gibt es Schreibblöcke **mit Rand.**
■ Attributsatz	Der Film, **den ich mir angesehen habe,** war langweilig.
■ **zu**-Infinitiv	Die Möglichkeit, **selbst zu entscheiden,** war gegeben.
■ Apposition	Leonie, **die Freundin von Hannah,** kam zu Besuch.

4.1.4 Das Adverbial (Umstandsbestimmung)

Funktion und Bildung

Adverbiale machen nähere Angaben zu einem **Sachverhalt** oder den **Umständen** und antworten auf Fragen wie **wann?, wie lange?, wo?, wie?.**

Letzte Woche waren wir wandern.
Wir sind **vier Stunden** aufgestiegen.
Auf dem Gipfel hatten wir eine tolle Aussicht.
Dann sind wir **langsam** wieder abgestiegen.
Hannah kaute dabei **genüsslich** den Apfel.

Sie können sich entweder nur auf das Verb beziehen oder auf den gesamten Satz.

Offensichtlich hat es allen Spaß gemacht.

Als Adverbial können **verschiedene Wortarten** vorkommen:

- Adverbien, — blindlings, dort, gern, heute, jetzt, morgen
- Adjektive, — entsetzlich, lautlos, schnell, vorbildlich
- Präposition + Nomen. — am See, aus Langeweile, hinter dem Haus

Das Adverbial der Zeit (Temporaladverbial)

- Es gibt Auskunft über den **Zeitpunkt**, die **Wiederholung** oder die **Dauer** eines Geschehens oder Sachverhalts.
- Es wird mit den Fragewörtern **wann?, wie oft?, wie lange?, seit wann?, bis wann?** erfragt.
- Häufig wird es mit Präpositionen wie **nach, bis, seit, vor** und **während** eingeleitet.

Morgen besuche ich dich.
Wir besuchen **jedes Jahr** den Weihnachtsmarkt.
Seit gestern schneit es.
Du musst **noch eine Stunde** warten!
Ich habe schon **mehrmals** nachgefragt.

Das Adverbial des Ortes (Lokaladverbial)

- Es gibt Auskunft über den **Ort**, die **Richtung**, die **Herkunft** oder die **räumliche Ausdehnung** eines Geschehens oder Sachverhalts.
- Es wird mit den Fragewörtern **wo?, wohin?, woher?, wie weit?** erfragt.
- Häufig wird es mit Präpositionen wie **in, auf, unter, über, von, zwischen** oder **bis** eingeleitet.

Die Mannschaft trainiert **auf dem Platz.**
Katharina geht **ins Ausland.**
Die Gastschülerin kommt **aus Italien.**
Wir schauen alle **dorthin.**

Zwischen den anderen sehe ich Anna.
Das Heft liegt **auf dem Schreibtisch.**
Die Muffins sind **im Ofen.**

Das Adverbial des Grundes (Kausaladverbial)

- Es gibt Auskunft über den **Grund** oder die **Ursache** eines Geschehens oder Sachverhalts.
- Es wird mit den Fragewörtern **warum?, weshalb?, aus welchem Grund?** erfragt.
- Häufig wird es mit Präpositionen wie **aus, von, wegen** oder **durch** eingeleitet.

Wegen der langen Fahrt sind alle müde.
Daher ruhen sie sich zuerst aus.
Deshalb packen sie ihre Sachen erst später aus.

Aus Neugier schauen sie vorher in jeden Schrank.

Das Adverbial der Art und Weise (Modaladverbial)

■ Es gibt Auskunft über die **Beschaffenheit,** die **Quantität,** die **Intensität,** die **Unterschiedlichkeit** oder das **Material** eines Satzgegenstandes. ■ Es wird mit den Fragewörtern **wie?, auf welche Weise?, wie viel?, wie sehr?, um wie viel?, woraus?** erfragt. ■ Häufig wird es mit Präpositionen wie **aus, durch, mit, unter** oder **um** eingeleitet.	Das Kind singt **vergnügt.** Wir spielen **mit Eifer** Fußball. Er war darüber **zu Tode** erschrocken. Er war **Stunden schneller** als du. Ich kaufe eine Tasse **aus Porzellan.** **Angeblich** soll hier ein Schatz vergraben sein.

Das Adverbial des Mittels (Instrumentaladverbial)

■ Es gibt Auskunft über die **Mittel** oder **Werkzeuge,** die zu einem Geschehen oder Sachverhalt beitragen. ■ Es wird durch die Fragewörter **womit?, wodurch?** erfragt.	Den Winkel misst sie **mit dem Geodreieck.**
■ Häufig wird es mit Präpositionen wie **durch** oder **mit** eingeleitet.	Ich habe **durch die anderen** von dem neuen Termin erfahren.

Das Adverbial des Zwecks (Finaladverbial)

■ Es gibt Auskunft über den **Zweck** oder die **Absicht** einer Handlung oder eines Geschehens. ■ Es wird mit den Fragewörtern **wozu?, in welcher Absicht?, zu welchem Zweck?** erfragt. ■ Häufig wird es mit der Präposition **zu** eingeleitet.	**Zu deiner Information** habe ich folgende Links zusammengestellt. **Zum Lernen** braucht man Zeit und die richtige Methode. Er braucht **zur Entspannung** Musik.

Das Adverbial der Bedingung (Konditionaladverbial)

■ Es gibt Auskunft über die **näheren Umstände** oder **Bedingungen** eines Geschehens oder Sachverhalts. ■ Es wird mit **unter welcher Bedingung?, in welchem Fall?** erfragt. ■ Es kann mit Präpositionen wie **bei** oder **unter** stehen.	**Unter diesen Umständen** lehnte sie das Angebot ab. **Bei Kälte** zieht sich Wasser zusammen.

Das Adverbial der Folge (Konsekutivadverbial)

■ Es gibt Auskunft über die **Folgen** eines Geschehens oder einer Handlung. ■ Es wird mit den Fragewörtern **mit welcher Folge?, mit welcher Wirkung?** erfragt. ■ Es kann mit einer Präposition wie **zu** stehen.	**Zu meinem Erstaunen** sind alle da. Das Konzert wird **zum Entsetzen der Fans** abgesagt.

Das Adverbial der Einräumung (Konzessivadverbial)

- Es gibt Auskunft über den **Gegengrund** oder den **(wirkungslosen) Grund** eines Geschehens.
- Es wird mit den Fragewörtern **trotz wessen?, trotz welcher Voraussetzung?** erfragt.
- Es kann mit einer Präposition wie **trotz** stehen.

Trotz der Hitze ging die Arbeit gut voran.

BESONDERS NÜTZLICH

Die Unterscheidung von Adverbial und Präpositionalobjekt

Der **äußeren Form** nach können das Adverbial und das Präpositionalobjekt (↑ S. 40) identisch sein, wenn das Adverbial auch aus einer Präposition mit Nomen besteht.

Die Gruppe steht **auf dem Schulhof.** (Adverbial des Ortes)
Der Lehrer beharrt **auf seinem Standpunkt.** (Präpositionalobjekt)

Durch die **richtige Fragestellung** kann man sicher entscheiden, ob es sich um ein Präpositionalobjekt oder ein Adverbial handelt:

- Das Adverbial wird mit einem Fragewort erfragt.
  Die Gruppe steht **auf dem Schulhof.** – **Wo** steht sie?
- Bei einem **präpositionalen Objekt** braucht man immer ein Fragewort *und* eine Präposition. Diese sind häufig miteinander verschmolzen (wozu?, woran?).
  Der Lehrer beharrt **auf seinem Standpunkt.** – **Worauf** beharrt er?

Die Verschmelzung von Fragewort und Präposition heißt **Präpositionaladverb** oder **Pronominaladverb.** Gebildet werden die Präpositionaladverbien (Pronominaladverbien) aus den Adverbien **da, hier** und **wo** und den Präpositionen **an, auf** usw. Beginnt eine dieser Präpositionen mit einem Vokal, wird **dar-** statt da und **wor-** statt wo gebraucht.

da(r)-		an, auf, aus,	daran, darauf, daraus, dabei, dadurch, dafür usw.
hier-	+	bei, durch, für,	hieran, hierauf, hieraus, hierbei, hierdurch, hierfür usw.
wo(r)-		gegen, hinter usw.	woran, worauf, woraus, wobei, wodurch, wofür usw.

4.2 Die Satzarten

Man unterscheidet **Aussage-, Frage-** und **Aufforderungssätze** je nach Sprechabsicht und Satzform. Sie werden in der gesprochenen Sprache durch die Intonation der Sprecherin / des Sprechers gekennzeichnet, in der geschriebenen Sprache an den Satzschlusszeichen erkannt. Ein Ausruf (Interjektion) ist kein vollständiger Satz (↑ S. 35).

4.2.1 Der Aussagesatz (Deklarativsatz)

■ Der Aussagesatz ist die häufigste Satzart.	
■ Mit ihm wird ein **Sachverhalt** ausgesagt oder mitgeteilt.	Das Buch ist spannend.
■ Die Personalform des Verbs steht an **zweiter Stelle.**	Die Freunde **schauen** einen Film.
■ Am Ende des Aussagesatzes steht ein Punkt.	Heute ist Sonntag.

4.2.2 Der Fragesatz (Interrogativsatz)

Der Fragesatz wird verwendet, wenn man etwas erfahren will, was man noch nicht weiß.	Hast du heute Nachmittag Zeit? Wer hat das gesagt**?**
Entscheidungsfrage (Wortfrage):	
■ Die Personalform des Verbs steht an **erster Stelle.**	**Kommst** du mit ins Schwimmbad? – Ja, klar.
■ Die Antwort lautet entweder **ja** oder **nein.**	**Hast** du die neue Folge schon gesehen? – Nein.
Ergänzungsfrage:	
■ Ergänzungsfragen werden durch ein **Fragewort** eingeleitet **(wer, was, wann, wo** usw.)	**Wo** ist mein Schlüssel? **Wer** ist am 15. März geboren?
■ Die Personalform des Verbs steht an **zweiter Stelle** hinter dem Fragewort.	Wo **geschah** der Überfall? Wie **konnte** der Täter entkommen?
■ Die Antwort besteht aus mehreren Wörtern oder einem ganzen Satz.	Der Täter entkam mit einem gestohlenen Wagen.

4.2.3 Der Aufforderungssatz (Imperativsatz)

■ Der Aufforderungssatz kann je nach Sprechabsicht eine **Bitte,** einen **Befehl,** eine **Forderung** oder einen **Vorschlag** zum Ausdruck bringen. Die Sprecherin / Der Sprecher richtet sich damit an eine andere Person.	Hör doch auf! Sei ruhig! Halt mal kurz! Gib das her!
■ Die Personalform des Verbs steht in der Befehlsform **(Imperativ)** (↑ S. 23) und befindet sich im Satz an **erster Stelle.**	**Hör** mir zu! **Hört** mir zu!
■ Wenn die Sprecherin / der Sprecher eine Aufforderung an sich selbst und andere richtet oder wenn die angesprochene Person gesiezt wird, steht das Verb des Aufforderungssatzes im **Konjunktiv I Präsens.**	**Nehmen** wir doch die U-Bahn! **Seien** wir ehrlich! **Seien** Sie pünktlich! **Gehen** Sie doch auf die Seite!
■ Aufforderungssätze enden bei **allgemeinen Aufforderungen** meist mit dem **Infinitiv** eines Verbs.	Das Mehl löffelweise **hinzufügen!** Nicht aus dem Fenster **lehnen!**

4.3 Die Satzformen

4.3.1 Der Hauptsatz

Merkmale

Als Hauptsatz bezeichnet man einen Satz, der selbstständig für sich allein stehen kann und von keinem anderen Satz abhängt.

■ Jeder einfache Aussagesatz ist ein Hauptsatz. Er besteht mindestens aus einem Subjekt und einem Prädikat.	Sie (Subjekt) liest. (Prädikat)
■ Der Hauptsatz kann durch Satzglieder (Objekte, Adverbiale) erweitert werden.	Sie (Subjekt) liest (Prädikat) gerade (Adverbial der Zeit) ein Buch. (Objekt)
■ Im allein stehenden Hauptsatz steht die Personalform des Verbs immer an **zweiter Stelle.**	Jeden Morgen **freue** ich mich auf das Frühstück. Meistens **esse** ich zuerst ein Brötchen mit Marmelade.

4.3.2 Der Nebensatz

Merkmale

Als Nebensatz bezeichnet man einen Satz, der nicht für sich allein stehen kann, sondern von einem anderen Satz abhängt.

■ Er wird oft durch **Subjunktionen** an den Hauptsatz gebunden.	als, nachdem, weil, wenn, dass
■ Die Personalform des Verbs steht dann immer am Ende des Nebensatzes.	Ich leite die Nachricht weiter, weil sie wichtig **ist.**
■ Nebensätze sind dem Hauptsatz	
– nachgestellt,	Sie kam nach Bonn zurück (Hauptsatz), nachdem sie ein Jahr im Ausland gelebt hatte (Nebensatz).
– vorangestellt oder	Nachdem sie ein Jahr im Ausland gelebt hatte (Nebensatz), kam sie nach Bonn zurück (Hauptsatz).
– in ihn eingeschoben.	Sie kam (Hauptsatz Teil I), nachdem sie ein Jahr im Ausland gelebt hatte (Nebensatz), nach Bonn zurück (Hauptsatz Teil II).

Die große Gruppe der Nebensätze lässt sich einteilen:

■ nach der Art der **Verknüpfung** des Nebensatzes mit dem Hauptsatz,	Relativsatz, Subjunktionalsatz, indirekter Fragesatz, Infinitivsatz und Partizipialsatz
■ nach den verschiedenen **Satzteilen,** die sie vertreten können.	Subjektsatz, Objektsatz, Adverbialsatz, Attributsatz

Nebensätze nach der Art der Verknüpfung

Der Relativsatz

■ Ein Relativsatz wird eingeleitet durch – ein **Relativpronomen** (↑ S. 31) wie **der, die, das, welcher, welche, welches,** – ein **Relativadverb** wie **wo, wie, wohin, woher.**	Die App, **die ich heruntergeladen habe,** war kostenfrei. Von dort aus, **wo er stand,** hatte er freien Blick.
■ Das Relativpronomen bezieht sich auf ein Wort im Hauptsatz. Es stimmt in Genus und Numerus mit diesem **Bezugswort** überein.	Die Kinder, **denen** ich ein Eis geschenkt habe, freuen sich.
■ Der **Kasus** des Relativpronomens hängt davon ab, welches **Satzglied** das Relativpronomen innerhalb des Relativsatzes darstellt.	**Numerus:** Plural (Kinder) **Kasus:** Dativ: **Wem** habe ich ein Eis geschenkt?
■ Vor dem Relativpronomen kann eine Präposition stehen.	Ich zeige dir das Haus, **in das** ich einziehen werde.
■ Relativsätze nehmen in Hinsicht auf das Bezugswort die Stelle eines **Attributes** ein.	Das Brot, **das ich gekauft habe,** ist bio. Das **gekaufte** Brot ist bio.

Der Subjunktionalsatz

■ Ein Subjunktionalsatz wird durch Subjunktionen wie **als, nachdem, weil, während, ob** mit dem Hauptsatz verbunden.	**Während er recherchiert,** überprüft er alle Informationen. Es ist noch nicht sicher, **ob wir in Urlaub fahren können.**

Der indirekte Fragesatz (Interrogativsatz)

■ Ein indirekter Fragesatz wird durch die gleichen Fragewörter (Interrogativpronomen) eingeleitet wie der direkte Fragesatz. Zu den Fragewörtern gehören **was?, wann?, wer?, warum?.** Der indirekte Fragesatz kann eine **Entscheidungsfrage** oder eine **Ergänzungsfrage** sein. Eine indirekte Entscheidungsfrage wird durch die Subjunktion **ob** eingeleitet.	Ich weiß nicht, **was ich tun soll.** (**Was** soll ich tun?) Anna möchte wissen, **wann wir uns treffen.** (**Wann** treffen wir uns?) Anna fragt, **ob Lena auch kommt.** (Kommt Lena auch? – Ja.)
■ Indirekte Fragesätze, die mit **ob** eingeleitet werden, sind Subjunktionalsätze. Werden sie mit einem Interrogativpronomen (↑ S. 31) eingeleitet, handelt es sich um **Pronominalsätze.**	
■ Nach indirekten Fragesätzen steht kein Fragezeichen.	**Wer krank ist,** soll gehen.
■ Der indirekte Fragesatz kann die Stelle eines **Subjekt-** oder eines **Objektsatzes** einnehmen. (↑ S. 48)	Wer soll gehen? – Die Kranken. (Subjektsatz) Ich weiß nicht, **was du willst.** Was weiß ich nicht? – Was du willst. (Objektsatz)

Der Infinitivsatz

■ Der Infinitivsatz besteht aus einer Infinitivgruppe mit **zu.** Die Partikel **zu** trennt den Infinitiv vom Verbzusatz. Erweitert sein kann dieser Infinitiv um ein Objekt oder ein Adverbial.	Das Team beschließt, **nicht vorschnell aufzugeben.** Wir haben das Recht, **Fehler** zu machen. Ich freue mich, **heute hier** zu sein.
■ Der Infinitivsatz kann die Stelle eines – Subjektsatzes,	Es ist schön, **hier zu sein.** (Was ist schön?)
– Objektsatzes,	Emily ist stolz, **die Aufgabe gelöst zu haben.** (Worauf ist Emily stolz?)
– Adverbialsatzes einnehmen.	Wir beeilen uns, **um nicht zu spät zu kommen.** (Warum beeilen wir uns?)

Der Partizipialsatz

■ Ein Partizipialsatz wird mit einem **Partizip I** (Partizip Präsens) oder einem **Partizip II** (Partizip Perfekt) gebildet.	Auf einen Sieg **hoffend(,)** drückte sie ihrem Team die Daumen. Gerade **angekommen(,)** musste er schon wieder los.
■ Der Partizipialsatz bezieht sich auf das **Subjekt** des Hauptsatzes.	**Vor Anstrengung keuchend(,)** konnte **er** nichts sagen.
■ Meistens wird das Partizip erweitert.	**Den Kopf in den Nacken** gelegt(,) schaute er zum Himmel.

Nebensätze nach der Art ihrer Funktion

Der Subjektsatz

■ Beim Subjektsatz nimmt der **gesamte Nebensatz** die Stelle eines **Subjekts** im Satz ein. ■ Der Subjektsatz kann, wie ein einzelnes Wort als Subjekt, mit der Frage **wer?** oder **was?** erfragt werden.	**Wer rechtzeitig da ist,** schafft die Arbeit ohne Probleme. Wer schafft die Arbeit ohne Probleme? – Wer rechtzeitig da ist. **Dass alle da sind,** ist offensichtlich. Was ist offensichtlich? – Dass alle da sind.

Der Objektsatz

■ Beim Objektsatz nimmt der **gesamte Nebensatz** die Stelle eines **Objekts** im Satz ein.	Sie möchte nicht, **dass wir kommen.** **Was** möchte sie nicht? – Unser Kommen (dass wir kommen).
■ Man fragt nach dem Objektsatz mit dem Fragewort, das für den entsprechenden Kasus bestimmt ist: **wen?, was?, wem?, wessen?.**	**Wer mein Freund ist,** dem vertraue ich. **Wem** vertraue ich? – Meinem Freund (wer mein Freund ist).
■ Am häufigsten kommen Objektsätze anstelle einer Akkusativergänzung vor, Objektsätze im Genitiv oder Dativ sind selten.	Wir erinnerten uns, **dass sie lockige Haare hatte.** **Wessen** erinnerten wir uns? – Ihrer lockigen Haare.

Der Adverbialsatz

- Beim Adverbialsatz nimmt der **gesamte** Nebensatz die Stelle eines **Adverbials** ein und wird mit den jeweiligen Fragewörtern erfragt.
- Häufig werden Adverbialsätze durch eine **Subjunktion** eingeleitet. Sie sind der Form nach also Subjunktionalsätze.

Als das Essen beendet war, tranken wir Tee.
Nach dem Essen tranken wir Tee.
Adverbial der Zeit (↑ S. 42)

Arten von Adverbialsätzen

Es gibt, entsprechend den Adverbialen, viele verschiedene Adverbialsätze:

Kausalsatz:

- Der Kausalsatz gibt den **Grund** oder die **Ursache** einer Handlung oder eines Zustandes an.
- Er wird häufig eingeleitet durch die Subjunktion **da** oder **weil.**
- Nach dem Kausalsatz fragt man mit **warum?** oder **aus welchem Grund?.**

Er legte das Handy aus der Hand, **da er seinen Freund kommen sah.**
Wir treffen uns im Freibad, **weil es heute sehr warm ist.**

Konditionalsatz:

- Der Konditionalsatz gibt die **Bedingung** oder **Voraussetzung** an, unter der eine Handlung stattfindet oder eine Aussage gilt.
- Er wird häufig eingeleitet durch die Subjunktionen **wenn, falls** oder **sofern.**
- Nach dem Konditionalsatz fragt man mit **unter welcher Bedingung?** oder **unter welcher Voraussetzung?.**

Wenn du willst, gehen wir zusammen in die Stadt.

Im Garten müssen die Blumen gegossen werden, **falls es nicht regnet.**
Wir werden mit den Aufgaben bald fertig sein, **sofern wir konzentriert weiterarbeiten.**

Finalsatz:

- Der Finalsatz gibt das **Ziel,** die **Absicht** oder den **Zweck** einer Handlung an.
- Er wird häufig eingeleitet durch die Subjunktionen **damit** und **dass** oder als **Infinitivsatz** mit der Infinitivkonjunktion **um** (↑ S. 33).
- Nach dem Finalsatz fragt man mit **wozu?, in welcher Absicht?** oder **zu welchem Zweck?.**

Beeil dich, **damit wir pünktlich losgehen können.**
Pass auf, **dass du nichts vergisst.**
Die Freunde haben sich verabredet, **um die Präsentation vorzubereiten.**

Konsekutivsatz:

- Der Konsekutivsatz gibt die **Folge** oder die **Wirkung** eines Geschehens oder Sachverhalts an.
- Er wird häufig eingeleitet durch die Subjunktionen **sodass** oder **dass.**
- Nach dem Konsekutivsatz fragt man **mit welcher Folge?** oder **mit welcher Wirkung?.**

Leider hatte der Zug Verspätung, **sodass ich den Anschlusszug nicht erreicht habe.**
Wir haben so viele Informationen gesammelt, **dass wir sie zuerst ordnen müssen.**

Arten von Adverbialsätzen (Fortsetzung)	
Konzessivsatz: ■ Der Konzessivsatz gibt eine **Einräumung** zu einem Sachverhalt an. Man spricht auch von einem **nicht ausreichenden Gegengrund.** ■ Er wird häufig eingeleitet durch die Subjunktionen **obwohl, obgleich, auch wenn, wenngleich** oder **obschon.** ■ Man fragt nach ihnen **trotz wessen?** oder **trotz welchen Hindernisses?.**	**Obwohl es regnen soll,** treffen wir uns im Park. Du hast den Raum verlassen, **obwohl ich es nicht erlaubt habe.** **Auch wenn die Arbeit recht schwierig ist,** lässt sie sich nicht aus der Ruhe bringen. **Obgleich das Update verfügbar war,** hatte er es noch nicht durchgeführt. Ich fühle mich gut erholt, **wenngleich die Pause recht kurz war.**
Temporalsatz: ■ Der Temporalsatz gibt einen **Zeitpunkt** oder eine **Zeitdauer** an. ■ Die im Nebensatz beschriebene Handlung kann sich zur selben Zeit wie die Handlung des Hauptsatzes ereignen **(Gleichzeitigkeit),** das Geschehen im Nebensatz kann vor dem des Hauptsatzes liegen **(Vorzeitigkeit)** oder es kann ihm folgen **(Nachzeitigkeit).** ■ Er wird häufig eingeleitet durch die Subjunktionen **als, nachdem, während, seit, ehe** oder **bevor.** ■ Man fragt nach ihnen mit **wann?, bis wann?, seit wann?** oder **wie lange?.**	**Als wir endlich zu Hause ankamen,** waren alle müde. Er hörte selten Musik, **während er Hausaufgaben machte.** **Bevor er mit einer Aufgabe begann,** verschaffte er sich einen Überblick über alle Aufgaben. **Nachdem er sich für eine Aufgabe entschieden hatte,** begann er zu arbeiten.
Adversativsatz: ■ Im Adversativsatz werden Aussagen einander **gegenübergestellt.** ■ Er wird häufig eingeleitet durch die Subjunktionen **während, wenn, anstatt, außer dass** oder **wohingegen.** ■ Man fragt nach Adversativsätzen mit **was passiert andererseits (nicht)?** oder **was passiert im Gegensatz dazu (nicht)?.**	Ich höre am liebsten Hiphop, **wohingegen mein Bruder lieber Techno mag.** **Während du mit dem Fahrrad zur Schule fahren kannst,** muss ich den Bus nehmen. Du solltest besser in den Schatten gehen, **anstatt dass du in der Sonne liegst** (anstatt in der Sonne zu liegen).
Modalsatz: ■ Der Modalsatz gibt die genaueren **Umstände** einer Handlung an. ■ Er wird häufig durch die Subjunktionen **indem, wobei, dadurch dass** oder **wie** eingeleitet. ■ Man fragt nach ihnen mit **wie?, wodurch?, mit welchem Mittel?** oder **unter welchen Begleitumständen?.**	Sie begann ihre Rede, **indem sie das Publikum begrüßte.** Sie gaben sich die Hand, **wobei sie einander in die Augen sahen.** **Dadurch dass er die Hand hob,** gab er ein Zeichen zur Weiterfahrt.
Lokalsatz: ■ Der Lokalsatz gibt den **Ort** und die **Richtung** an. ■ Er wird durch Adverbien wie **wo, wohin** oder **woher** eingeleitet. ■ Man fragt nach ihnen mit **wo?, wohin?, woher?.**	Die Jugendherberge liegt dort, **wo die drei großen Bäume stehen.** Du kannst gehen, **wohin du willst.**

Der Attributsatz

■ Der Attributsatz tritt an die Stelle eines **Attributs** (↑ S. 41).	Die **getroffenen** Vereinbarungen halten wir ein.
■ Man fragt nach ihm mit dem Fragepronomen **welcher?, welches?** oder **welche?.**	Die Vereinbarungen, **die wir getroffen haben,** halten wir ein.
■ Der Attributsatz tritt fast immer in Form eines **Relativsatzes** (↑ S. 47) auf.	Das Treffen, **das die Klassenlehrerin angesetzt hat,** findet in Raum 116 statt.

BLICKPUNKT

Zusammengesetzter Satz

Satzreihe
Hauptsatz + Hauptsatz (+ Hauptsatz)

Satzgefüge
- Hauptsatz + Nebensatz
- Hauptsatz + Nebensatz 1. Grades
  - + Nebensatz 2. Grades
    - + Nebensatz 3. Grades

4.3.3 Die Satzreihe (Parataxe)

Merkmale

■ Wenn ein **Hauptsatz** mit einem anderen **Hauptsatz** verbunden ist, spricht man von einer Satzreihe oder einer Satzverbindung.	An Weihnachten hoffen wir jedes Jahr auf Schnee und wir warten meistens vergebens.
■ Hauptsätze können verbunden sein durch: – Kommas (↑ S. 66) oder – Komma und eine Konjunktion (↑ S. 65).	Es ist Sommer, ich habe Ferien. Morgen kann ich ausschlafen, **denn** es ist Sonntag. Ich würde gerne noch bleiben, **aber** mein Bus fährt bald.
■ Bei den Konjunktionen **und** oder **oder** kann das Komma entfallen.	Kommst du mit[,] **oder** hast du etwas anderes vor?

4.3.4 Das Satzgefüge (Hypotaxe)

Merkmale

- Wenn ein **Hauptsatz** und ein **Nebensatz** miteinander verbunden sind, spricht man von einem Satzgefüge.
- Nebensätze können an **unterschiedlichen Stellen** stehen (↑ S. 46).
- Von einem Hauptsatz können auch **mehrere Nebensätze** abhängen.
- Von einem Nebensatz **(Nebensatz 1. Grades)**, der selbst von einem Hauptsatz abhängt, kann wiederum ein Nebensatz **(Nebensatz 2. Grades)** abhängen.

Weil es dunkel wird, (Nebensatz) mache ich die Lampe an. (Hauptsatz)

Den Film, **über den alle sprechen**, wollte ich sofort sehen, **weil auch du ihn empfohlen hast.**
Das Kino war bereits voll besetzt (Hauptsatz), sodass alle Leute (Nebensatz 1. Grades), die noch draußen warteten (Nebensatz 2. Grades), keinen Platz mehr bekamen (Nebensatz 1. Grades).

BESONDERS NÜTZLICH

Die Zeitenfolge im Satzgefüge

Ob eine Handlung in der Gegenwart, in der Vergangenheit oder in der Zukunft stattfindet, kann man an der Zeitform des Verbs im Hauptsatz ablesen. Die Zeitform des Verbs im Nebensatz drückt aus, in welcher zeitlichen Relation der Nebensatz zum Hauptsatz steht, von dem er abhängt. Es gibt drei Möglichkeiten, in welcher Beziehung der Nebensatz zum Hauptsatz stehen kann: vorzeitig, gleichzeitig oder nachzeitig.

- **Gleichzeitige Handlung von Haupt- und Nebensatz**

Hauptsatz		Nebensatz	
Präsens	→	Präsens	Der Ball **rollt** ins Tor, während das Publikum **jubelt.**
Präteritum	→	Präteritum	Ich **öffnete** die Tür, als er die Treppe **heraufkam.**
Perfekt	→	Perfekt	Wir **haben** das Licht **angeschaltet,** weil es dunkel **geworden ist.**

- **Vorzeitige Handlung des Nebensatzes**

Hauptsatz		Nebensatz	
Präsens	→	Präsens	Wir **erledigen** die Aufgaben später, wenn du jetzt keine Zeit **hast.**
Präsens	→	Perfekt	Ich **bin** froh, weil ich dich noch **getroffen habe.**
Präteritum	→	Plusquamperfekt	Ich **kam** zu spät, weil ich den Flug **verpasst hatte.**
Futur	→	Futur	Ich **werde** dir **schreiben,** wenn ich **verreisen werde.**
Futur	→	Präsens	Wir **werden** morgen schon **fliegen,** wenn ich heute die Tickets **bekomme.**
Futur	→	Perfekt	Wir **werden** morgen schon **fliegen,** weil ich heute die Tickets **bekommen habe.**

- **Nachzeitige Handlung des Nebensatzes**

Hauptsatz		Nebensatz	
Präsens	→	Präsens	Er **liest** so lange, bis ihm die Augen **zufallen.**
Präteritum	→	Präteritum	Er **vergaß** zu antworten, sodass sie ärgerlich **wurde.**
Futur	→	Präsens	Ich **werde** die Nachricht **lesen,** bevor ich ihm **schreibe.**

Richtig schreiben

1 Die Groß- und Kleinschreibung

1.1 Satzanfang, Überschriften, Titel

▪ Am Anfang eines **Satzes** schreibt man groß.	Heute gehen wir in den Zoo.
▪ Das erste Wort der direkten Rede schreibt man groß.	Er sagt: „Wir haben uns lange nicht gesehen."
▪ Das erste Wort nach einem **Doppelpunkt** wird großgeschrieben, wenn ein vollständiger Satz folgt.	Die Antwortet lautet: Wir kommen gerne.
▪ Folgt nach einem Doppelpunkt kein vollständiger Satz, schreibt man das erste Wort klein.	Er hat in Rom alles gesehen: das Kolosseum, den Petersdom, das Forum Romanum.
▪ Das erste Wort einer **Überschrift** oder den **Titel** eines Buches, Films oder einer Zeitschrift schreibt man groß.	Eine abenteuerliche Reise Kennst du das Buch „Erebos"? Der Artikel stand letzte Woche im „Spiegel".

1.2 Nomen und Nominalisierungen

▪ Alle Nomen schreibt man groß. Oft haben sie einen Begleiter bei sich, an dem man sie als Nomen erkennen kann.	das Fenster, ein Tisch (Artikel) fröhliches Kind (Adjektiv als Attribut) am Baum, im Haus (Präposition + Artikel)
▪ Andere Wortarten schreibt man groß, wenn sie als Nomen gebraucht werden (Nominalisierung). Sie werden dann oft – aber nicht immer – durch einen Begleiter angekündigt:	
– Verben,	das Laufen, schnelles Sprechen, beim Schreiben
– Adjektive und Partizipien,	im Großen und Ganzen, das Gekochte
– Pronomen und Zahlwörter,	das lyrische Ich, der Erste, jede Dritte
– Adverbien,	im Voraus, im Nachhinein, das Auf und Ab
– Präpositionen,	das Für und Wider
– Junktionen,	ohne Wenn und Aber
– Interjektionen.	das Ach und Weh

BESONDERS NÜTZLICH

Die Großschreibung nach bestimmten Nominalendungen

Wörter mit den Suffixen (Nachsilben) **-heit, -keit, -nis, -schaft, -tum** und **-ung** sind Nomen. Sie werden deshalb immer großgeschrieben.

-heit:	Kindheit, Krankheit, Kühnheit, Rauheit, Schönheit
-keit:	Einigkeit, Fröhlichkeit, Grausamkeit, Heiterkeit
-nis:	Ergebnis, Erlaubnis, Geheimnis, Verständnis
-schaft:	Eigenschaft, Freundschaft, Gesellschaft
-tum:	Eigentum, Fürstentum, Irrtum, Wachstum
-ung:	Ahnung, Belohnung, Beratung, Strömung

1.3 Adjektive und Partizipien

Regel	Beispiel
■ Nominalisierte Adektive und Partizipien (↑ S. 54) werden großgeschrieben. ■ Nach den Indefinitpronomen **viel, wenig, alles, nichts, manches** oder **etwas** werden Adjektive meist zu Nomen und dann großgeschrieben. ■ Unbestimmte Zahladjektive werden als Nomen in der Regel großgeschrieben.	der Alte, ins Schwarze, des Weiteren, auf dem Laufenden sein, das Folgende, das Gesagte alles Übrige, nichts Wichtiges, manches Schöne, etwas Neues Du bist der Einzige, der uns helfen kann.
■ Die vier Zahladjektive **viel, wenig, (der, die, das) eine, (der, die, das) andere** werden in allen Formen in der Regel kleingeschrieben. ■ Adjektive und Partizipien werden trotz eines Begleiters kleingeschrieben, wenn sie sich auf ein vorhergehendes Nomen beziehen. ■ Superlative mit **am** werden kleingeschrieben.	Das haben schon viele gesagt. Die einen raten zum Hauskauf, die anderen raten ab. Ich weiß nicht, welchen Pullover ich anziehen soll, den roten oder den schwarzen. (Bezug auf Pullover) schön, schöner, **am** schönsten
■ Superlative, die mit **auf das** oder **aufs** gebildet und mit **wie?** erfragt werden, können groß- oder kleingeschrieben werden. ■ Wenn diese Wendungen mit **worauf?** erfragt werden, schreibt man den Superlativ groß.	Ich werde dich aufs Schmerzlichste/schmerzlichste vermissen. Wir waren aufs Beste/beste vorbereitet. Wir sind auf das/aufs Schlimmste gefasst.

1.4 Eigennamen

Regel	Beispiel
■ Eigennamen schreibt man immer groß. ■ In mehrteiligen Eigennamen und in vielen festen Begriffen wird häufig auch das dazugehörige Adjektiv großgeschrieben. Zu diesen Eigennamen gehören geografische Bezeichnungen (von Erdteilen, Ländern, Städten, Landschaften, Meeren, Flüssen und Bergen), Personennamen, historische Ereignisse u.a.	Katharina, München, Hamburg, Alpen, Pazifik der Stille Ozean, Vereinigtes Königreich von Großbritannien und Nordirland, Katharina die Große, die Französische Revolution, der Westfälische Friede, der Heilige Abend, der Schiefe Turm von Pisa, der Deutsche Schäferhund, der Erste Mai
■ Von Personennamen abgeleitete Adjektive auf **-(i)sch** werden kleingeschrieben. Möglich ist hier auch die Großschreibung mit Apostroph.	die lutherische Bibel, platonische Schriften, das ohmsche Gesetz, die Luther'sche Bibel, das Ohm'sche Gesetz
■ Feste Begriffe aus Adjektiv und Nomen sind keine Namen. In den meisten Fällen schreibt man das Adjektiv daher klein. ■ Adjektive, die mit dem folgenden Nomen einen Gesamtbegriff bilden, können zur Hervorhebung auch großgeschrieben werden. ■ Besonders in Fachsprachen ist auch die Großschreibung möglich.	die graue Maus, der rote Teppich, ein schwarzes Schaf, die innere Sicherheit, der freie Mitarbeiter das schwarze/Schwarze Brett, alles Gute zum neuen/Neuen Jahr, zur goldenen/Goldenen Hochzeit erste/Erste Hilfe leisten (Medizin), die rote/Rote Karte (Sport), der goldene/Goldene Schnitt (Mathematik), die mittlere/Mittlere Reife (Schulwesen) das Fleißige Lieschen, Rote Bete (Botanik), der Rote Milan (Zoologie), Organische Chemie, Innere Medizin (Wissenschaftszweige)

1.5 Zeitangaben

■ Zeitangaben werden großgeschrieben, wenn sie Nomen sind. Man erkennt sie an Begleitern, einem Pronomen oder einer Präposition.	der Abend, der Morgen, am Freitag, in der Nacht, jeden Dienstag, dieser Mittag, am nächsten Montagabend
■ **Adverbien,** die als Zeitangaben gebraucht werden, werden kleingeschrieben. Man erkennt sie an der Endung **-s.**	morgens, mittags, abends, nachts, montags, freitags, montagmorgens, montagmittags, samstagnachmittags
■ In **kombinierten Tageszeitangaben** schreibt man die Nomen groß und die Adverbien klein.	heute Morgen, gestern Mittag, morgen Abend, vorgestern Nacht

1.6 Geografische Bezeichnungen und Herkunftsbezeichnungen

■ In Zusammensetzungen mit mehrteiligen Eigennamen, die durch einen Bindestrich verbunden sind, werden die Eigennamen großgeschrieben.	Rhein-Main-Gebiet, Lise-Meitner-Straße, Franz-Josef-Strauß-Flughafen, Willy-Brandt-Ring
■ In mehrteiligen Eigennamen werden häufig auch die Bestandteile, die keine Nomen sind, großgeschrieben.	Freie Hansestadt Bremen, der Nahe Osten, das Alte Land, das Rote Meer, der Indische Ozean
■ Herkunftsbezeichnungen auf **-er** werden immer großgeschrieben.	der Kölner Dom, das Bonner Münster, das Berliner Wahrzeichen, die Magdeburger Börde
■ Herkunftsbezeichnungen auf **-isch** gehören zu den Adjektiven und werden deshalb kleingeschrieben.	indischer Tee, kopernikanisches Weltsystem, schottisches Muster, badischer Wein
■ Wenn das auf **-isch** abgeleitete Adjektiv jedoch Teil eines Eigennamens ist, wird es großgeschrieben.	die Mecklenburgische Seenplatte, die Schwäbische Alb

1.7 Die Anrede

■ Das Anredepronomen (Fürwort) **Sie,** seine Dativform **Ihnen** für die höfliche Anrede und das entsprechende Possessivpronomen **Ihr** schreibt man groß.	Gehen Sie bitte zur Seite. Ich werde Ihnen alles erklären. Wie geht es Ihren Kindern?
■ Die Anredepronomen **du** und **ihr** und die entsprechenden Possessivpronomen **dein** und **euer** schreibt man klein. In Briefen können diese Formen auch großgeschrieben werden.	Lieber Finn, ich hoffe, Du/du hattest schöne Ferien und Deine/deine Familie und Du/du, Ihr/ihr habt euch gut erholt. Ich habe Eure/eure Karte aus Rom gestern bekommen.

2 Die Getrennt- und Zusammenschreibung

Wortgruppen schreibt man getrennt, **Zusammensetzungen** jedoch zusammen. Die Unterscheidung ist nicht immer einfach.

2.1 Verbindungen mit einem Verb

Die Getrenntschreibung

Bei zwei Wortakzenten schreibt man getrennt.	aufeinander achten, quer (im Bett) liegen
Folgende Verbindungen, deren zweiter Bestandteil ein Verb ist, werden meist getrennt geschrieben:	
■ Nomen + Verb (wenn beides betont ist),	Rad fahren, Klavier spielen, Zeit haben
■ Adverb + Verb,	rückwärts einparken, miteinander reden
■ Adjektiv + Verb (ohne neue Gesamtbedeutung),	leichter fallen, zu schwer fallen
■ Verb + Verb,	schwimmen lernen, lesen üben, spazieren gehen
■ Partizip + Verb,	gefangen halten, getrennt schreiben
■ Wortgruppe mit **sein**.	da sein, fertig sein, schuld sein, zurück sein

Die Zusammenschreibung

Verbindungen, die ein Verb als zweiten Bestandteil enthalten, werden zusammengeschrieben,	
■ wenn sie **als Nomen gebraucht** werden,	das Autofahren, beim Spazierengehen
■ wenn es **untrennbare** (feste) Verbindungen mit Nomen, Adjektiven oder Adverbien sind,	handhaben, lobpreisen, schlussfolgern, langweilen, liebäugeln, durchbrechen
■ wenn durch eine Verbindung von Adjektiv + Verb eine **neue Gesamtbedeutung** entsteht,	krankschreiben, (jemanden) freisprechen, heiligsprechen, kürzertreten
■ wenn eine Verbindung aus Adverb + Verb nur **einen Wortakzent** hat,	hinausschwimmen, hinzukommen abwärtsfließen
■ wenn in einer Verbindung aus Nomen + Verb das Nomen seine **Eigenständigkeit verloren** hat. Im Infinitiv, im Partizip I und II und im Nebensatz wird zusammengeschrieben, sonst getrennt.	eislaufen, kopfstehen, leidtun aber: er stand kopf; es tut ihr leid

BESONDERS NÜTZLICH

Zwischen Getrennt- und Zusammenschreibung frei wählen

- Bei Verbindungen mit ***bleiben*** oder ***lassen*** kann getrennt oder zusammengeschrieben werden, wenn die Verbindung eine eigene (übertragene) Bedeutung hat:
  eine Bemerkung fallen lassen / fallenlassen, die Uhr ist stehen geblieben / stehengeblieben
- Bei Verbindungen aus Adjektiv + Verb kann getrennt oder zusammengeschrieben werden, wenn das Adjektiv das **Ergebnis der Tätigkeit** bezeichnet.
  klein schneiden / kleinschneiden, rot färben / rotfärben, warm machen / warmmachen

2.2 Verbindungen mit Adjektiven und Partizipien

Die Getrenntschreibung

Verbindungen, die ein Adjektiv oder ein Partizip als zweiten Bestandteil enthalten, schreibt man getrennt, ■ wenn es sich beim ersten Teil um ein komplexes Adjektiv handelt, ■ wenn auf ein Partizip I ein Adjektiv folgt, ■ wenn der erste Bestandteil gesteigert oder erweitert ist.	 **grünlich** gelb, **sonnig** warm, **verführerisch** schön, blendend weiß, drückend / kochend heiß schlechter gelaunt, sehr schlecht gelaunt
Bei Verbindungen mit Partizipien, die wie ein Adjektiv verwendet werden, ist neben der Getrenntschreibung auch die Zusammenschreibung möglich.	Rat suchend / ratsuchend, Not leidend / notleidend, alleinerziehend / allein erziehend

BESONDERS NÜTZLICH

Zwischen Getrennt- und Zusammenschreibung frei wählen

Verbindungen von ***nicht*** **mit Adjektiven** können getrennt, zusammen und mit Bindestrich geschrieben werden. nicht öffentlich / nichtöffentlich / nicht-öffentlich, nicht rostend / nichtrostend, nicht-rostend

Die Zusammenschreibung

Verbindungen, die ein Adjektiv oder ein Partizip als zweiten Bestandteil enthalten, schreibt man zusammen,	blutarm, lauwarm, rotbraun, süßsauer, taubstumm
■ wenn der erste Bestandteil die Bedeutung schärft oder vermindert,	bitterböse, brandgefährlich, tiefschwarz, vollwertig, stocktaub, lauwarm
■ wenn einer der Bestandteile in dieser Form nicht allein vorkommt,	blauäugig, hochmütig, letztmalig, mehrdeutig, redselig, vierfach
■ wenn der erste Bestandteil für eine Wortgruppe steht.	butterweich (wie Butter), knöcheltief (bis zum Knöchel)

BESONDERS NÜTZLICH

Immer getrennt und immer zusammen

- Verbindungen mit **irgend-** werden immer zusammengeschrieben:
  irgendjemand, irgendwer, irgendwas, irgendwann, irgendwie, irgendwo
- Immer getrennt geschrieben werden Verbindungen mit **so, wie, zu** mit Adjektiv oder Adverb:
  so/wie/zu viel, so/wie/zu viele, so/wie/zu sehr

Aufgepasst: Subjunktionen wie **sosehr, soviel** und **soweit** werden zusammengeschrieben.
Soviel/Soweit mir bekannt ist, findet das Treffen statt. Sosehr ich sie auch mag, das geht nicht.
Aufgepasst: Die Konjunktion **sowie** schreibt man zusammen, andere Verbindungen mit **so** und **wie** getrennt.
sowie: Er sowie seine Frau waren da. **so** und **wie:** Wir machen es so wie immer.

3 Die Dehnung und die Schärfung

Die Kennzeichnung eines **langen Vokals** bezeichnet man als **Dehnung**, die eines **kurzen Vokals** als **Schärfung.**

3.1 Möglichkeiten der Dehnung

Regel	Beispiele
■ Die betonten langen Vokale **a, e, o,** und **u** können auf unterschiedliche Weise geschrieben werden:	
– Schreibung als einzelner Buchstabe **a, e, o, u,**	Plage, weben, Brot, gut
– Schreibung als Doppelbuchstaben **aa, ee, oo.**	Waage, Beet, Moos
– Schreibung mit dem Dehnungs-h.	bezahlen, Fahne, nehmen, Reh, Ruhm, Sohn
■ Das Präfix (Vorsilbe) **ur-** und die Suffixe (Nachsilben) **-bar, -sal, -sam** und **-tum** werden ohne Dehnungs-h geschrieben.	Ursache essbar, Schicksal, heilsam, Eigentum
■ Das lange **i** kann verschieden geschrieben werden:	
– Schreibung als einzelner Buchstabe **i,**	Biber, dir, wir
– Schreibung mit dem Dehnungs-e als **ie,**	bieten, Giebel, Liebe, Riese, schief, tief, wie
– Schreibung als **ih,**	ihm, ihn, ihnen, ihr
– Schreibung als **ieh.**	fliehen, Vieh, ziehen

3.2 Schärfung durch Doppelkonsonanten und Konsonantenhäufung

Regel	Beispiele
■ Nach einem **kurzen Vokal** wird der nachfolgende **Konsonant** häufig **verdoppelt.**	Brett, Ebbe, hoffen, kämmen, Karren, Klippe, Mitte, Wasser, wenn, wollen
■ Die Konsonanten **k** und **z** werden nicht verdoppelt, sondern als **ck** und **tz** wiedergegeben. Eine Ausnahme bilden einige Fremdwörter.	Decke, bücken, Flocke, Hecke, wecken, Zweck Glatze, Hitze, platzen, schwitzen, sitzen, Stütze Ausnahmen: Akkusativ, Mokka, Sakko, Pizza
■ Bei einer **Konsonantenhäufung** folgen auf einen kurzen Vokal zwei oder mehrere Konsonanten.	Band, kämpfen, Kerne, Kind, Schmerz, Strumpf, welken

3.3 Der s-Laut

BLICKPUNKT

s-Laut

	stimmhaft	stimmlos		
	s	s	ss	ß
Wortanfang:	Salbe, segeln			
Wortmitte:	Hose, reisen	Durst, rasten	Kasse, müssen	Füße, reißen
Wortende:		Glas, Gras	Fluss, lass	Gruß, weiß

■ Wenn auf einen betonten kurzen Vokal ein (stimmloser) s-Laut folgt, schreibt man **ss**.	im Wortinneren: hassen, küssen, Masse, müssen vor Konsonant: sie hasst, er küsst, du musst am Wortende: Fass, Fluss, Hass, Kuss, ich muss
■ Wenn auf einen betonten langen Vokal oder einen Diphthong (Doppellaut, Zwielaut) ein stimmloser s-Laut folgt, schreibt man **ß**.	im Wortinneren: beißen, draußen, fließen vor Konsonant: es fließt, sie gießt, er grüßt am Wortende: Floß, Fuß, Gruß, Spaß, Stoß
■ Wird der s-Laut in anderen Formen des Wortes stimmhaft, endet das Wort auf **-s**.	Glas – Gläser, Gras – Gräser, Haus – Häuser, er las – lesen
■ Wörter auf **-nis**, **-as**, **-is**, **-os** oder **-us** werden mit s geschrieben. Der Plural wird mit **-ss-** gebildet. Dies gilt auch für einige Fremdwörter.	Ergeb**nis**, Geheim**nis**, Zeug**nis**, Anan**as**, Atl**as**, Ilt**is**, Kürb**is**, Albatr**os**, Glob**us**, B**us** Ergeb**nisse**, Ilt**isse**, Albatr**osse**, B**usse**, Atl**asse**

BESONDERS NÜTZLICH

das oder dass

- Das Wort **das** kann verschiedene Funktionen übernehmen:
  - als definiter Artikel im Neutrum: das Auto, das Kind, das Seil, …
  - als Relativpronomen im Neutrum: … das Auto, **das** ich sah, …
  - als Demonstrativpronomen im Neutrum: **Das,** was du sagst, ist wahr.
- Das Wort **dass** ist eine Subjunktion:
  Ich sehe, **dass** du da bist. Es hat so sehr geregnet, **dass** die Straße überschwemmt ist.
  Dass du da bist, freut mich.
- Die Ersatzprobe hilft zu entscheiden, ob **das** oder **dass** geschrieben werden muss:
  Wenn die Wörter **ein, dieses, jenes** oder **welches** eingesetzt werden können, schreibt man **das**.
  Das Buch, **das** ich gelesen habe, war sehr spannend. (**Jenes** Buch, **welches** ich gelesen habe …)
  Das, was du sagst, gefällt mir. (**Dieses,** was du sagst …)
  Dass du kommst, weiß ich. (~~Dieses~~ du kommst …; ~~Jenes~~ du kommst …)

4 Gleich und ähnlich klingende Laute

Die Laute *e* und *ä*

■ Ein Wort wird mit **ä** geschrieben, wenn es verwandte Wörter oder Wortformen mit **a** gibt.	die Stärke, stark — der Bäcker, backen nämlich, Name — sich rächen, die Rache
■ Einige Wörter schreibt man mit **ä**, auch wenn sie sich von keinem Wort mit **a** ableiten lassen.	abwärts, ähnlich, Ähre, Bär, dämmern, gähnen, Geländer, Lärm, März, sägen, Träne
■ Einige Wörter werden mit **e** geschrieben, obwohl es verwandte Wörter mit **a** gibt.	schmecken obwohl: Geschmack wecken obwohl: wach
■ Bestimmte Wörter können mit **e** oder **ä** geschrieben werden.	aufwendig wegen: aufwenden aufwändig wegen: Aufwand

Regel	Beispiele
Die Diphthonge *eu* und *äu*	
■ Ein Wort wird mit **äu** geschrieben, wenn es von einem Wort mit **au** stammt.	der H**äu**ptling ← das H**au**pt, er l**äu**ft ← l**au**fen, der S**äu**gling ← s**au**gen
■ Einige Wörter werden mit **äu** geschrieben, auch wenn es keine Ableitung mit **au** gibt.	Kn**äu**el, sich r**äu**spern, S**äu**le, sich str**äu**ben
Die Diphthonge *ai* und *ei*	
■ Die meisten Wörter werden mit **ei** geschrieben.	b**ei**ßen, fl**ei**ßig, Kr**ei**s, M**ei**se, R**ei**se, schr**ei**ben, z**ei**gen
■ Nur wenige Wörter werden mit **ai** geschrieben. Sie lassen sich nicht ableiten.	H**ai**, H**ai**n, K**ai**, K**ai**ser, L**ai**b, L**ai**ch, L**ai**e, M**ai**, M**ai**s, S**ai**te, W**ai**se
■ Wird ein Wort mit **ai** geschrieben, werden alle Wörter dieser Wortfamilie mit **ai** geschrieben.	K**ai**ser, K**ai**serin, k**ai**serlich, K**ai**serthron, K**ai**ser-krone Hafenk**ai**, K**ai**mauer, K**ai**anlage
Die Konsonanten *b, d, g* und *p, t, k*	
■ Am Ende einer Silbe oder am Ende eines Wortes klingen die Konsonanten **b, d, g** und **p, t, k** sehr ähnlich oder gleich.	er gi**b**t – es fie**p**t, en**d**lich – en**t**weder Ja**g**d – dun**k**el, Stau**b** – Lum**p**, Han**d** – Hau**t**, Ber**g** – Wer**k**
■ Um entscheiden zu können, wie ein Wort geschrieben wird, sucht man ein verwandtes Wort mit eindeutiger Schreibung.	lie**b** ← Lie**b**e, Wal**d** ← Wäl**d**er, gedul**d**ig ← gedul-**d**iger, Par**k** ← par**k**en, Star**t** ← star**t**en
Die Konsonantenhäufungen *chs, gs, ks, cks*	
Für den gesprochenen **ks**-Laut schreibt man in einigen Wörtern statt **x**:	
– -ks,	Ke**ks**, Ko**ks**, schla**ks**ig
– -cks,	Kle**cks**, Kni**cks**
– -gs,	anfan**gs**, flu**gs**, ta**gs**, unterwe**gs**, werkta**gs**
– -chs-.	A**chs**e, Da**chs**, dre**chs**eln, se**chs**

BESONDERS NÜTZLICH

Die Wortbausteine end-/ent-, -and/-ant und tod-/tot-

end-/ent-

- Das Präfix **end-** zeigt an, dass die Bedeutung etwas mit **Ende** zu tun hat:
  end-lich, **End**-silbe, **End**-spurt, be-**end**-en
- Das Präfix **ent-** bedeutet häufig etwas wie **wegnehmen, weggeben** oder **loswerden:**
  ent-fernen, **ent**-waffnen, **ent**-zaubern, **ent**-leeren, **Ent**-lassung

-and/-ant

Taucht **-and** bzw. **-ant** als Suffix auf, kann man, um bei der Schreibung sicherzugehen, eine flektierte Form bilden.

- -and: Konfirm**and** – Konfirm**andin**, Doktor**and** – Doktor**anden**
- -ant: Spekul**ant** – Spekul**anten**, gal**ant** – der gal**ante** Umgangston

tod-/tot-

- **Zusammengesetzte Verben** werden meist mit ***tot-*** gebildet:
  totkriegen, **tot**laufen
- **Zusammengesetzte Adjektive** werden meist mit ***tod-*** gebildet:
  todkrank, **tod**sicher

5 Die Fremdwörter

Fremdwörter sind ins Deutsche übernommene Wörter, die ursprünglich **aus anderen Sprachen** stammen. Einige Fremdwörter werden kaum mehr als „fremd“ empfunden.

Zwei Schreibungen können dann richtig sein ■ bei vollständigen Wörtern, ■ bei einzelnen Silben: **fon/phon, fot/phot** und **graf/graph.**	 Soße – Sauce, Coupon – Koupon Megafon – Megaphon, Fotokopie – Photokopie, Biografie – Biographie

5.1 Fremdwörter aus dem Englischen

Die **Schreibung** unterscheidet sich von der **Aussprache.** ■ **ee** wird als langes **i** gesprochen. ■ **ea** wird meist auch als langes **i** gesprochen ■ **y** wird als **ei** gesprochen. ■ **i** wird ebenfalls oft als **ei** gesprochen.	 Teenager, Jeep Jeans, Freak; Ausnahme z. B.: Sweatshirt Byte, Recycling Design, Highlight
Verbindungen aus **Adjektiv + Nomen** ■ werden getrennt geschrieben, wenn man **beide Bestandteile betont,** ■ können zusammengeschrieben werden, wenn die Betonung auf dem ersten Teil liegt.	 Electronic Banking, New Economy, Top Ten, Public Viewing, Sudden Death Hardrock – Hard Rock, Hotdog – Hot Dog, Fast Food – Fastfood
Verbindungen aus **Verb + Adverb** werden meistens mit Bindestrich oder zusammengeschrieben.	Burnout – Burn-out, Pushback – Push-back, aber nur: Comeback, Countdown, Layout, Lockdown, Make-up

5.2 Fremdwörter aus dem Französischen

Die **Schreibung** unterscheidet sich in der Regel von der **Aussprache.** Gesprochen wird meist: ■ **ou** als **u,** ■ **ai** ähnlich wie das deutsche **ä,** ■ **ill** als **lj oder ij,** ■ **g** vor **e** oder **i** als **ʒ**.	 Route, Tourist Palais, Saison Medaille, Taille Ingenieur, Garage, Passagier

5.3 Mehrteilige Fremdwörter

In mehrteiligen Nomen werden der Wortanfang und die nominalen Bestandteile großgeschrieben.	Duty-free-Shop, Walkie-Talkie, Short Story Alter Ego, Corpus Delicti, Ultima Ratio

6 Die Zeichensetzung

BLICKPUNKT

Satzzeichen		Funktion	Beispiel
Punkt/Ausrufezeichen/Fragezeichen kennzeichnen das **Ende**			
Punkt	.	■ eines Aussagesatzes,	Diese Nacht hat es geschneit.
Ausrufezeichen	!	■ einer Aufforderung, eines Ausrufs oder eines Wunsches,	Komm bitte mit! Igitt! Hoffentlich hast du dran gedacht!
Fragezeichen	?	■ eines direkten Fragesatzes.	Hast du die Seite gespeichert?
Komma/Semikolon/Doppelpunkt dienen der **inneren Gliederung** von Sätzen, indem sie			
Komma	,	■ Nebensätze, Wortgruppen oder Wörter voneinander abtrennen,	Die Sonne schien, es war sehr heiß. Ich kaufe Papier, Patronen, Stifte.
Semikolon (Strichpunkt)	;	■ gleichrangige Nebensätze oder Wortgruppen stärker als das Komma abgrenzen,	Ich habe dich gesehen; du warst nicht allein.
Doppelpunkt	:	■ vor wörtlicher Rede stehen,	Er sagte: „Wir kommen heute."
		■ vor Zitaten stehen,	Goethe schreibt: „Edel sei der Mensch, hilfreich und gut."
		■ vor angekündigten Aufzählungen oder Erläuterungen stehen,	Zutaten: Eier, Butter, Milch, Zucker. Name: Reine, Vorname: Paul
		■ vor Sätzen, die das vorher Gesagte zusammenfassen oder eine Schlussfolgerung ziehen, stehen.	Edi, Ben, Manu und Isa: Alle habe ich eingeladen.
Gedankenstrich/Klammern gliedern, indem sie:			
Gedankenstrich	–	■ Zusätze, Einschübe oder Nachträge abgrenzen,	Elefanten – was für imponierende Tiere – werden sehr alt.
		■ etwas Weiterführendes, meist Unerwartetes, ankündigen,	Die Tür knarrte, das Licht ging aus und plötzlich – eine Hand schob sich durch den Türspalt.
Klammern	( )	■ Zusätze oder Nachträge einschließen.	Frankfurt (Oder) Neulich (war es diese oder letzte Woche?) waren wir im Kino.
Anführungszeichen:			
„…"		■ Sie kennzeichnen Anfang und Ende der **wörtlichen Rede**.	Sie sagte: „Gestern habe ich mich mit Jan getroffen."
		■ Sie kennzeichnen wörtlich wiedergegebene Textstellen (Zitate).	Schiller sagt: „Früh übt sich, was ein Meister werden will."
		■ Sie dienen zur Hervorhebung von z. B.:	
		– Überschriften, Werktitel, Namen von Zeitungen,	Ich schreibe eine Arbeit über Susan E. Hintons Roman „Die Outsider".
		– Sprichwörter, Äußerungen, die dann kommentiert werden,	Ihr ewiges „Ich kann das nicht" mochte ich nicht mehr hören.
		– Wörter oder Wortgruppen, über die eine Aussage gemacht wird,	Über den Begriff „Freiheit" wird noch zu reden sein.
		– ironisch gemeinte Wörter oder Wortgruppen.	Du hast aber „ordentlich" aufgeräumt!

Satzzeichen		Funktion	Beispiel
Apostroph/Ergänzungsstrich/Auslassungspunkte markieren eine **Auslassung**, indem sie anzeigen,			
Apostroph	'	■ dass ein oder mehrere Buchstaben eines Wortes weggelassen worden sind,	der Ku'damm (Kurfürstendamm) ein winz'ger Augenblick (winziger) Ines' Vorschlag (Genitiv-**s** entfällt)
Ergänzungsstrich	-	■ dass in einer Zusammensetzung oder Ableitung ein Bestandteil ausgelassen ist, der sinngemäß ergänzt werden muss,	Ein- und Ausgang, 2- bis 3-mal
Auslassungspunkte	…	■ dass in einem einzelnen Wort, einem Satz oder einem Text Teile ausgelassen wurden.	Und so kam, was kommen musste … „An den Ufern der Havel lebte … ein Rosshändler, namens Michael Kohlhaas …" (H. v. Kleist, *Michael Kohlhaas)*

6.1 Das Komma

6.1.1 Das Komma bei Aufzählungen

- Bei einer Aufzählung trennt das Komma einzelne Wörter, Wortgruppen oder Satzglieder voneinander.
  Das Mäppchen enthält Stifte, einen Füller, ein Lineal, einen Stick, einen Radierer.
- Sind die Glieder durch Konjunktionen (↑ S. 33) verbunden, wird kein Komma gesetzt.
  Dies ist eine nützliche **und** kostenlose App.
  Er kommt **entweder** heute **oder** morgen.
- Es wird ein Komma gesetzt, wenn die Glieder durch entgegenstellende Konjunktionen wie **aber, jedoch, doch** oder **sondern** verbunden sind.
  Wir fahren nicht nach Bonn, **sondern** nach Köln.
  Das Haus war alt, **aber** nicht baufällig.

BESONDERS NÜTZLICH

Das Komma in einer Reihung von Adjektiven

- Gehen mehrere Adjektive einem Nomen voran, steht ein Komma, wenn die Adjektive **gleichrangig** sind. Sie können oft durch ein gedachtes **und** verbunden oder umgestellt werden.
  eine erfolgreiche, spannende Serie (= eine erfolgreiche und spannende Serie)
  (= eine spannende, erfolgreiche Serie)
- Wenn das letzte Adjektiv einer Reihe von Adjektiven mit dem folgenden Nomen einen Gesamtbegriff bildet, der als Ganzes durch die vorangehenden Adjektive näher bestimmt wird, darf vor diesem letzten Adjektiv kein Komma stehen.
  ein schneller **italienischer Sportwagen** (Der italienische Sportwagen ist schnell, aber nicht schnell und italienisch.)

6.1.2 Das Komma in Satzreihen

■ In einer Satzreihe werden die Hauptsätze durch ein Komma voneinander abgetrennt.	Du gehst sofort, wir kommen nach. (Hauptsatz) (Hauptsatz)
■ Man kann ein Komma setzen, wenn die Hauptsätze durch Konjunktionen verbunden sind.	Du gehst sofort[,] **und** wir kommen nach. **Entweder** nehme ich das schwarze T-Shirt[,] **oder** ich entscheide mich für das graue.
■ Es wird ein Komma gesetzt, wenn die Hauptsätze durch entgegenstellende Konjunktionen wie **aber, doch, jedoch** oder **sondern** verbunden sind.	Er wollte schreiben, **aber** er vergaß es. Ich hatte fest mit euch gerechnet, **doch** ihr kamt nicht.

BESONDERS NÜTZLICH

Das Komma bei als und wie

- Wenn Fügungen mit **als** und **wie** ein **Prädikat** enthalten, muss ein **Komma** gesetzt werden.
  Er gab das Geld aus, **als wäre er ein Millionär.** (**wäre** = Prädikat → Komma)
- Es wird kein Komma gesetzt, wenn kein Prädikat enthalten ist.
  Er gab das Geld aus **wie ein Millionär.** (**wie ein Millionär** enthält kein Prädikat → kein Komma)

6.1.3 Das Komma in Satzgefügen

■ Mit Einleitewörtern eingeleitete Nebensätze werden mit Komma vom Hauptsatz getrennt.	Wenn du willst (Nebensatz), kannst du bleiben (Hauptsatz). Du kannst bleiben (Hauptsatz), wenn du willst (Nebensatz).
■ Ist er eingeschoben, so wird am Anfang und am Ende des Nebensatzes ein Komma gesetzt.	Du kannst (Hauptsatz Teil I), wenn du willst (Nebensatz), bleiben (Hauptsatz Teil II).
■ Hängt von einem Nebensatz ein weiterer Nebensatz ab, werden beide durch ein Komma getrennt.	Ich hoffe, **dass** du die App installiert hast, **die** ich dir empfohlen habe.

6.1.4 Das Komma bei Infinitivgruppen

■ Satzwertige Infinitivgruppen werden wie Nebensätze durch Komma abgetrennt. - Sie können durch eine Subjunktion wie **um, ohne, statt** eingeleitet werden. - Sie können auch von einem Nomen, einem Verb, einem Adjektiv oder einem Verweiswort abhängig sein.	Er ging, **ohne zu grüßen.** Dir bleibt nichts anderes übrig, **als dich zu entschuldigen.** Sie fasst den **Entschluss,** nächstes Mal schneller zu antworten. Sie brachte drei Tage **damit** zu, den Computer neu einzurichten.
■ Ist die Infinitivgruppe eingeschoben, steht am Anfang und am Schluss der Wortgruppe ein Komma.	Er ging, **statt zu helfen,** einfach weiter.
■ Kann-Regeln beim einfachen Infinitiv mit zu (↑ S. 66)	

6.1.5 Das Komma bei Zusätzen

■ Zusätze werden mit Komma vom Hauptsatz abgetrennt oder von Kommas eingeschlossen. Dies gilt für: – Herausstellungen (Zusätze mit Verweiswort oder einer hinweisenden Wortgruppe)	**So,** von Zweifeln getrieben, lief er nach Hause.
– Parenthesen (Einschaltungen, Einschübe),	Die Seite, **ich hatte sie neulich erst aufgerufen,** war nicht verfügbar. Wir treffen uns Freitag, **den 13. Juli,** bei mir. Er entscheidet sich, **die Vor- und Nachteile abwägend,** gegen das Angebot.
– Appositionen (Zusätze zu Nomen), – nachgestellte Erläuterungen mit **also, besonders, das heißt, das ist, genauer, nämlich, insbesondere, und zwar, vor allem** oder **zum Beispiel.**	Jan, **ein gut trainierter Läufer,** gewann. Ich esse gerne Eis, **besonders im Sommer.** Du musst noch aufräumen, **und zwar sofort!** Sie hört gerne Musik, **vor allem Hiphop**

6.1.6 Das Komma bei Anrede und Ausruf

Anreden, Ausrufe und Stellungnahmen (Bejahung, Verneinung, Bitte) werden mit einem Komma abgetrennt oder von Kommas eingeschlossen, wenn sie eingeschoben sind.	Ich wünsche dir, **liebe Lina,** alles Gute zum Geburtstag. **Kinder,** seid bitte leiser. **Was,** du kommst nicht? **Hm,** das tut mir leid.

6.1.7 Freie Entscheidung über das Setzen des Kommas: die Kann-Regel

In manchen Fällen kann ein Komma gesetzt werden (muss aber nicht), wenn es das Textverständnis erleichtert.

■ Werden Hauptsätze mit **und, oder, sowie** verbunden, kann ein Komma gesetzt werden	Die Sonne scheint(,) und es ist warm. Hast du heute Zeit(,) oder kommst du erst morgen?
■ Wenn der Satz ohne Komma unübersichtlich ist oder sogar missverständlich sein könnte, sollte ein Komma als Lesehilfe gesetzt werden.	Wir setzten uns auf die Klappstühle(,) und die Bänke blieben leer. (Ohne Komma könnte man zunächst verstehen: … auf die Klappstühle und die Bänke.)
■ Partizipialgruppen am Anfang des Satzes können mit Komma abgetrennt werden.	Vom Blitz getroffen(,) fiel er zu Boden.
■ Beim einfachen (nicht erweiterten) Infinitiv mit **zu** ist das Komma freigestellt.	Er fasste den Entschluss(,) zu warten.
■ Ein Komma kann die Gliederung des Satzes verdeutlichen.	Hier bin ich dafür(,) abzustimmen.
■ Eine Infinitivgruppe kann nach einigen wenigen Verben wie **beginnen, versuchen, erlauben, versprechen** auch als Bestandteil eines mehrteiligen Prädikats aufgefasst werden. In diesen Fällen kann das Komma entfallen.	Wir empfehlen ihm, zu folgen. Wir empfehlen, ihm zu folgen. Der Minister versuchte(,) das Kabinett zu überzeugen.

6.2 Der Punkt

■ Am Ende einer Aussage oder einer Feststellung steht ein Punkt (Schlusspunkt).	Das Telefon klingelt.
■ Am Ende von Überschriften wird kein Punkt gesetzt.	Der Klimawandel
■ Bei vollständigen Sätzen, die in andere Sätze eingebettet sind, wird der Punkt weggelassen.	Folgender Punkt – wir haben darüber gesprochen – ist besonders interessant.
■ Stehen am Ende eines Satzes Auslassungspunkte, setzt man keinen Schlusspunkt.	Ich könnte ja auch ...
Mit oder ohne Abkürzungspunkt	
■ Abkürzungen werden meist mit einem Punkt gekennzeichnet.	Bsp. (Beispiel), d. h. (das heißt), Tel. (Telefon), usw. (und so weiter), v. a. (vor allem), z. B. (zum Beispiel), u. Ä. (m.) (und Ähnliches [mehr])
■ Am Ende eines Satzes ist der Abkürzungspunkt zugleich auch der Satzschlusspunkt. Es wird also nur ein Punkt gesetzt.	In den Obstsalat gehören: Äpfel, Bananen, Birnen, Kiwis usw.
■ Ohne Punkt stehen Abkürzungen von Maßangaben, Himmelsrichtungen und chemischen Zeichen.	g (Gramm), km/h (Kilometer pro Stunde), A (Ampere), NO (Nordost), O (Sauerstoff)
■ Ohne Punkt stehen auch solche Kurzformen, die als Kurzform gesprochen werden.	das Kfz (gesprochen: ka-ef-zet), der IQ (gesprochen: i-ku), die UNO
Punkt bei Ordnungszahlen	
■ Nach Ordnungszahlen, die in Ziffern geschrieben sind, steht ein Punkt.	der 18. Geburtstag, zum 3. Mal, Heinrich VIII. (Heinrich der Achte)
■ Am Ende eines Satzes ist der Punkt bei der Ordnungszahl zugleich der Satzschlusspunkt.	In England hängt in vielen öffentlichen Gebäuden ein Bild von Königin Elisabeth II.

BESONDERS NÜTZLICH

Die Zeichensetzung in der direkten Rede

- Wenn eine Äußerung wörtlich wiedergegeben werden soll, so wird sie von Anführungszeichen eingeschlossen.
  Sie sagte: „Heute werde ich dir endlich den Link schicken."
- Wenn der Begleitsatz vorausgeht, leitet er die wörtliche Rede mit einem Doppelpunkt ein.
  Sie stellte fest: „Ich habe vergessen, dir den Link zu schicken."
- Der nachfolgende Begleitsatz wird durch ein Komma abgetrennt:
  „Warum hast du es vergessen?", fragte er.
- Wenn der Begleitsatz nachfolgt, erhält ein Aussagesatz in der wörtlichen Rede keinen Satzpunkt. Frage- und Ausrufezeichen der wörtlichen Rede bleiben hingegen erhalten:
  „Ich habe nicht mehr daran gedacht", sagte sie.
  „Kannst du es bitte noch machen?", fragte er. „Sei so lieb!", bat er.
- Ein eingeschobener Begleitsatz wird in Kommas eingeschlossen. Alle Teile der wörtlichen Rede haben am Anfang und am Ende Anführungszeichen:
  „Ich werde es", sagte sie, „sofort erledigen."

7 Die Worttrennung

Die Trennung der Wörter erfolgt nach zwei Grundprinzipien: Einfache Wörter werden nach Sprechsilben, zusammengesetzte Wörter oder Wörter mit Präfixen nach ihren erkennbaren Bestandteilen getrennt.

7.1 Die Trennung einfacher Wörter

Regel	Beispiele
■ Mehrsilbige einfache Wörter trennt man so, wie man sie beim langsamen Sprechen in **Silben** zerlegt.	Au-gen, Bes-se-rung, Fla-sche, Ker-ze, Lam-pe, Re-gal
■ Ein einzelner Vokal am Wortanfang und -ende wird nicht abgetrennt.	Abend, Uhu, Deo
■ Wenn Buchstabenverbindungen wie **ch**, **ck** und **sch** für einen Laut stehen, trennt man sie nicht.	Bü-**ch**er, Fä-**ch**er, Bä-**ck**er, Zu-**ck**er, Deut-**sch**e
■ **st** wird getrennt.	ba**s-t**eln, Hu**s-t**en, Ka**s-t**en, Mei**s-t**er
■ Einsilbige Wörter können nicht getrennt werden.	Bett, Brief, Buch, dick, dünn, eng, schmal

7.2 Die Trennung zusammengesetzter Wörter

Regel	Beispiele
■ Zusammengesetzte Wörter und Wörter mit **Präfixen** (Vorsilben) werden nach ihren **Bestandteilen** getrennt.	Buch-druck, Nach-welt, Pro-gramm, ent-fernen, ver-laufen
■ Die einzelnen Bestandteile der zusammengesetzten Wörter trennt man ihrerseits wie einfache Wörter.	be–**rich-ten**, Bio–**ton-ne**, ent–**fer-nen**, **Fla-schen**–hals, **Kon-zert–di-rek-tor**, **Vi-deo–clip**
■ Wird ein Wort nicht mehr als Zusammensetzung erkannt oder empfunden, kann man auch nach Sprechsilben trennen.	ei-nander, hi-nein, wa-rum

7.3 Die Trennung von Fremdwörtern

Regel	Beispiele
■ Fremdwörter (↑ S. 62) können entweder nach der **deutschen** oder nach der **Herkunftssprache** getrennt werden.	Pä-da-go-ge (deutsch) oder: Päd-ago-ge (griechisch)
■ Die Konsonantenverbindungen **ph**, **rh**, **sh** und **th** werden in Fremdwörtern nicht getrennt.	Al-**ph**a-bet, Stro-**ph**e, Di-ar-**rh**ö, **Rh**eu-ma, Or-**th**o-pä-de, Pa-**th**o-lo-ge
■ Fremdwörter, die aus zwei (Fremd-)Wörtern oder einem Präfix und einem Fremdwort bestehen, trennt man nach Bestandteilen voneinander.	in-akzeptabel, kapital-intensiv, Teen-ager
■ Fremdwörter, die nicht mehr als Zusammensetzung erkannt oder empfunden werden, kann man auch nach Sprechsilben trennen.	Inte-resse, Res-pekt

Schreiben

1 Die Nacherzählung

In der Nacherzählung wird eine vorgegebene Geschichte möglichst getreu wiedergegeben. Sie soll lebendig, anschaulich und abwechslungsreich erzählt werden.

BLICKPUNKT

Text	→	**Erfassen** des Textes durch genaues Zuhören oder Lesen	→	selbstständige **Wiedergabe** des Textes

Aus: Fjodor A. Dostojewski, *Die Wette*

Kolja war bei Verwandten zu Besuch. Um sich vor den Kindern aus der Nachbarschaft dicke zu tun, wettete er mit ihnen, dass er es wage, sich zwischen die Schienen der Eisenbahn zu legen und so lange liegen zu bleiben, bis der Elf-Uhr-Schnellzug über ihn hinweggefahren sei. Der Abend kam, man versammelte sich, man machte sich auf den Weg. Kolja legte sich auf die Schienen. Die anderen fünf warteten unten am Bahndamm im Gebüsch. Es war ihnen beklommen zumute. Sie bereuten die Wette längst. Der Schnellzug musste die Station verlassen haben. In der Dunkelheit tauchten Lichter wie zwei feurige Augen auf. „Kolja, lauf fort!", schrien fünf Kinder mit angsterstickten Stimmen. Es war zu spät. Der Zug donnerte vorüber. Die Jungen liefen zu Kolja; dieser lag regungslos zwischen den Schienen. Man rüttelte ihn, er stand von selbst auf und ging schweigend weg.

Merkmale

Inhalt

- Der Inhalt wird mit folgenden Fragen erschlossen:
  - **Wer** handelt? — Kolja, fünf Kinder
  - **Wo** und **wann** spielt die Geschichte? — am Abend, am Bahndamm und auf den Gleisen
  - **Welche** Stimmung herrscht in der Geschichte? — Spannung, Sorge, Entsetzen und Angst
  - **Worum** geht es? — Mutprobe als Wette, Reue

Form

- In welcher Zeitform ist die Geschichte geschrieben? — Präteritum
- Welche Erzählperspektive (↑ S. 89) wurde gewählt? — Er-Perspektive
- Zu welcher Textart gehört die Geschichte? — kurze Erzählung
- Was ist auffällig an der sprachlichen Gestaltung? — erster Abschnitt: Darstellung von Gedanken; mittlerer Abschnitt: Erzählbericht (↑ S. 89); letzter Abschnitt: Gebrauch von wörtlicher Rede am Spannungshöhepunkt, bildhafte Sprache

Erzählkern

- Der Erzählkern umfasst die wichtigsten Elemente der Geschichte.
- Wichtiges wird von Unwichtigem unterschieden.

wichtig: Wie reagiert Kolja, nachdem er seine eigene Wette gewonnen hat?
unwichtig: Wie schnell fährt der Zug?

Merkmale (Fortsetzung)

Wiedergabe

- Der Text wird mit eigenen Worten wiedergegeben.
- Die Nacherzählung richtet sich in der Zeitform nach der Vorlage, das ist häufig das Präteritum (↑ S. 16).
- Die Sprache soll lebendig, abwechslungsreich, anschaulich und spannend sein. Dies wird durch die Verwendung von beschreibenden Adjektiven und treffenden Verben unterstützt.
- Der Sprachstil ist der Vorlage anzupassen.

(...) Als es dunkel wurde, machten sich die Kinder und Kolja vorsichtig auf den Weg zum Bahndamm und Kolja legte sich tatsächlich auf die Schienen. Die Kinder versteckten sich und blickten angsterfüllt zu den Gleisen. Da, mit lautem Rattern und Getöse tauchte der Schnellzug plötzlich in der Dunkelheit auf und raste auf Kolja zu. (...)

2 Die Beschreibung

BLICKPUNKT

Beschreibung

Merkmale
- informierend, sachbetont, anschaulich
- genaue Informationen

Aufbau und Form
- klare Gliederung
- sinnvoll durchdachte Reihenfolge in systematischer Anordnung

Sprachliche Gestaltung
- Präsens
- einfache Aussagesätze
- klare, informative und sachliche Sprache
- Fachwörter, um schwierige Umschreibungen zu vermeiden
- treffend beschreibende Adjektive und Verben

2.1 Die Personenbeschreibung

Merkmale

Inhalt

Eine Personenbeschreibung dient dem Erkennen oder Wiedererkennen eines Menschen. Deshalb hebt man das **Typische** und **Auffällige** sachlich und anschaulich hervor:

- Die ersten Angaben beziehen sich auf:
  - Geschlecht, — weiblich
  - Alter, — ca. 28 Jahre
  - Größe, — etwa 1,70 m groß
  - allgemeine Erscheinung. — sportlich

Merkmale (Fortsetzung)

Aufbau und Form

- Die Darstellung der besonderen Merkmale erfolgt in der Regel von **oben nach unten,** wobei die einzelnen Bereiche zusammenhängend beschrieben werden:
  - Beschreibung des Kopfes

    Kopfform: länglich, rund
    Gesichtsform: länglich, rund, oval, kantig
    Stirn: flach, gewölbt, hoch, niedrig
    Augen: eng zusammenliegend, strahlend
    Wangen: pausbäckig, eingefallen, blass, gerötet
    Nase: lang, kurz, Stupsnase, breit, schmal
    Mund: breit, schmal, wulstig, verkniffen
    Kinn: rund, spitz, eckig, vorgeschoben
  - Haarfarbe und Frisur

    braunes, blondes Haar, schulterlang, kurz, halblang, gelockt, glatt, gescheitelt, mit Pony
  - Beschreibung von Körperbau (Schultern, Oberkörper, Arme, Hände, Beine, Füße) und Haltung

    schmal, lang, schlank, dünn, korpulent, gedrungen, aufrecht, gekrümmt
  - Beschreibung der Kleidung

    Gesamteindruck: lässig, elegant, sportlich
    einzelne Kleidungsstücke: T-Shirt, Jeans, Turnschuhe, Farbe, gemustert, Material

Sprachliche Gestaltung

- Die Personenbeschreibung wird mit klaren und eindeutigen Aussagesätzen formuliert.
- **Treffende Adjektive** und **Verben** entwerfen ein genaues Bild.

  lange Haare fallen auf die Schulter / sind zum Zopf gebunden / stehen ab / werden offen getragen / sind von Spangen gehalten

2.2 Die Gegenstandsbeschreibung

Merkmale

Inhalt

- Die Gegenstandsbeschreibung stellt **Merkmale** und **Eigenschaften** eines Gegenstandes sachlich dar.
- Zunächst wird der Gegenstand als Ganzes betrachtet.
- Dann folgen Einzelheiten, die so beschrieben werden, dass der Gegenstand schrittweise erfasst wird.

Aufbau und Form

- Die Einzelheiten werden in einer sinnvollen Reihenfolge angeordnet, etwa von außen nach innen, von oben nach unten, vom Großen zum Kleinen.
- Die Einzelheiten können, je nach Gegenstand, auch in ihrem Funktionszusammenhang oder ihrer Anwendung beschrieben werden.

Das Federmäppchen

Das Federmäppchen ist aus schwarzem Nylon, etwa 20 cm lang und 10 cm breit. Auf der Vorderseite befindet sich der Herstellername. Um die beiden kurzen und eine lange Seite führt ein grauer Reißverschluss. Das Innere des Mäppchens ist mit grauem Stoff gefüttert. Dort befindet sich das Schreibwerkzeug. Auf der einen Seite liegen zwölf Filzstifte. Sie stecken ebenso in Gummischlaufen wie die drei Bleistifte, der Füller und die fünf Buntstifte auf der anderen Seite. Hier sind auch kleinere Schlaufen für den Spitzer und die zwei Ersatzpatronen angebracht. In der Mitte des Mäppchens ist ein kleines, 3 mal 3 cm großes Täschchen mit Druckknopf aufgenäht.

Merkmale (Fortsetzung)	
Sprachliche Gestaltung	
■ Die Beschreibung der Einzelheiten wird durch die Verwendung von Adjektiven besonders genau.	aus **schwarzem** Nylon
■ Die Angabe von Maßen erfolgt bezogen auf den gesamten Gegenstand und auf wichtige Teile.	gesamtes Mäppchen: etwa 20 cm lang und 10 cm breit wichtige Einzelheit: 3 cm × 3 cm großes Täschchen
■ Zur Beschreibung der Einzelheiten gehört auch die Angabe des Materials der einzelnen Teile.	aus schwarzem **Nylon**
■ Bei der Beschreibung einzelner Teile und ihrer Funktionen sollten Fachbegriffe verwendet werden, um komplizierte Umschreibungen zu vermeiden.	Ersatzpatronen

2.3 Die Bildbeschreibung

Merkmale	
Inhalt ■ Die Bildbeschreibung gibt wieder, was auf einem Bild, einem Gemälde oder Foto zu sehen ist. ■ Zunächst werden folgende Angaben gemacht, soweit sie bekannt sind: – Titel des Bildes, – Name des Künstlers / der Künstlerin, – Entstehungszeit, – Maltechnik, – Hauptmotiv oder Genre (Porträt, Stillleben, Landschaftsbild, abstrakte Komposition), – Gesamteindruck.	Das Bild *Nighthawks* von Edward Hopper wurde 1942 in Öl auf Leinwand gemalt. Dargestellt ist eine nächtliche Stadtszene. Stimmung: düster, heiter, bedrohlich, friedlich
Aufbau und Form ■ Ausgehend vom Gesamteindruck und vom Hauptmotiv erfolgt die Beschreibung der Einzelheiten in geordneter Reihenfolge: – vom Hintergrund zum Vordergrund, – von rechts nach links, – von oben nach unten.	Auf der rechten Seite ist eine hell erleuchtete Bar dargestellt, die schräg in das Bild hereinragt und den weitaus größten Raum einnimmt. Eine gebogene Scheibe umgrenzt die Bar, sodass der Blick der Betrachtenden von der Straße aus nach innen gerichtet ist. Die Straße liegt in völliger Dunkelheit und wird von Schatten beherrscht. In der Bar sitzen drei Personen. (...)
■ In einem Schlusssatz wird der Gesamteindruck zusammengefasst.	Das Bild stellt die Einsamkeit der Großstadt dar.
Sprachliche Gestaltung ■ Die künstlerischen Gestaltungsmittel müssen genau beschrieben werden.	Einteilung und Bildkomposition, Achsen, Größenverhältnisse, Kontraste, Maltechnik
■ Die Beschreibung der Farben sollte möglichst genau sein, indem auch Farbabstufungen benannt werden.	sattes Grün, helles Rot, zartes Rosa, mattes Braun, grelles Gelb

2.4 Die Vorgangsbeschreibung

Merkmale

Inhalt

- Die Vorgangsbeschreibung bezieht sich auf Vorgänge, die stets **wiederholt** und **in gleicher Weise** ablaufen.
- Sie informiert über die wesentlichen Merkmale des Vorgangs und seiner einzelnen Teilvorgänge.
- Die **Voraussetzungen** für den Ablauf des Vorgangs werden angegeben:
  - alle verwendeten Gegenstände und Materialien,
  - alle Vorbereitungen, die getroffen werden müssen.

Bastelanleitungen, Rezepte, Spielanleitungen, Bedienungsanleitungen, Gebrauchsanweisungen, Bauanleitungen

Aufbau und Form

- Die **einzelnen Teilvorgänge** werden in der richtigen Reihenfolge dargestellt, sodass das zeitliche Nacheinander genau nachvollzogen werden kann.

Sprachliche Gestaltung

- Bei der knappen und sachlichen Darstellung werden Fachbegriffe verwendet, die gegebenenfalls erklärt werden müssen.

Pizza

Zutaten:
Teig: 500 g Mehl, 1 Päckchen Trockenhefe, Wasser, Öl
Belag: Tomaten, 2 gelbe Paprikas, 8 Scheiben Salami, geriebener Käse, Salz, Pfeffer, Oregano
Außerdem: Rührschüssel, Handrührgerät, Tuch zum Abdecken, Backblech, Teigrolle
Das Mehl und die Hefe werden in eine große Schüssel gegeben und vermischt. Nach der Zugabe von Wasser und Öl wird ein geschmeidiger Teig geknetet, der abgedeckt an einem warmen Ort ca. 1 Stunde gehen soll. In der Zwischenzeit werden für den Belag die gewaschenen Tomaten in Scheiben geschnitten. Nun werden die Paprikas gewaschen und geputzt und in kleine Stücke geschnitten. Nachdem der Teig gegangen ist, wird er auf einem Backblech mit der Teigrolle ausgerollt. Dann werden nacheinander die Tomaten, die Paprikastücke und die Salamischeiben darauf verteilt. Nach dem Würzen mit Salz, Pfeffer und Oregano wird schließlich der geriebene Käse über die Pizza gestreut. Im vorgeheizten Backofen wird die Pizza ca. 40 min bei 200° gebacken.

3 Der Bericht

Merkmale

Inhalt

- Der Bericht informiert sachlich über den Ablauf eines tatsächlichen Geschehens, indem er den zeitlichen Ablauf detailliert darstellt. Dabei werden alle wichtigen Begleitumstände angegeben.

Formen des Berichts:
Unfallbericht, Polizeibericht, Krankenbericht, Korrespondentenbericht, Zeitungsbericht, Reisebericht, Praktikumsbericht

- Die Antworten auf die W-Fragen liefern die grundlegenden Informationen über den Vorfall. Deshalb sollten sie vor dem Verfassen des eigentlichen Berichtes geklärt werden:

Wer war an dem Vorfall beteiligt?	Leah Silk, Luisa Metz, Schülerinnen der 7 d
Wann ereignete er sich?	16. März 2022, 9.45 Uhr (1. große Pause)
Wo ereignete er sich?	Neubau, 2. Etage Flur
Was ist geschehen?	Die Schülerin Leah Silk verletzte sich am Kopf.
Wie ist es genau geschehen?	Die Schülerin Leah Silk lief vor eine Klassentür, die von der Schülerin Luise Metz geöffnet wurde.
Warum/Wie kam es dazu?	Spielen auf dem Schulflur
Welche Folgen hat der Vorfall?	Platzwunde an der Stirn

- Es sollen nur Tatsachen wiedergegeben werden. Eigene Vermutungen dürfen nicht einfließen.

Aufbau und Form

- Die inhaltliche Gliederung muss dem zeitlichen Ablauf des Geschehens entsprechen.
- Die **Einleitung** gibt einen kurzen Gesamtüberblick über das Ereignis und antwortet kurz auf die Fragen **wer?, wann?, wo?** und **was?**.
- Im **Hauptteil** wird der eigentliche Verlauf dargestellt, indem chronologische und detaillierte Ausführungen zur Frage **wie?** gemacht werden.
- Im **Schlussteil** können Hintergründe oder Folgen, die sich aus dem Vorfall ergeben, dargestellt werden, indem eine kurze Auskunft auf die Fragen **warum?** und **welche Folgen?** gegeben wird.

Unfallbericht
(Einleitung) Die Schülerin Leah Silk verletzte sich am 16. März 2022 um 9.45 Uhr an der Klassentür in der 2. Etage des Neubaus am Kopf.

(Hauptteil) Sie hatte zusammen mit ihren Freundinnen auf dem Schulflur Fangen gespielt und war dabei in Richtung Klassentür gelaufen. Kurz bevor sie die Tür erreichte, wurde diese von innen von der Schülerin Luisa Metz geöffnet. Leah Silk prallte mit der Stirn gegen die Tür.
(Schlussteil) Sie erlitt eine Platzwunde, die mit drei Stichen genäht werden musste. Mittlerweile nimmt sie wieder am Unterricht teil.

Sprachliche Gestaltung

- Die Ereignisse werden präzise in klarer, sachlicher, knapper Sprache wiedergegeben.
- Eigene Gefühle oder Wertungen sind unzulässig.
- Der Bericht wird grundsätzlich im Präteritum verfasst, Vorzeitigkeit wird durch das Plusquamperfekt ausgedrückt (↑ S. 16).
- Zur Angabe des gegenwärtigen Standes oder der Folgen verwendet man Präsens oder Futur (↑ S. 15).

Die Schülerin Leah Silk verletzte sich am 16. März 2022 um 9.45 Uhr an der Klassentür. (...)

Kurz bevor sie die Tür **erreichte,** (...)
Sie **hatte** zusammen mit ihren Freundinnen auf dem Schulflur Fangen **gespielt.** (...)
Mittlerweile **nimmt** sie wieder am Unterricht **teil.**

4 Die Schilderung

Merkmale

Inhalt

- In einer Schilderung wird – im Unterschied zum Bericht – ein Ereignis oder Erlebnis **anschaulich aus persönlicher Sicht** dargestellt.
- Dabei geht es um die Schilderung der **Atmosphäre** und der **Wirkung** eines Geschehens und nicht um möglichst genaue Informationen über ein Geschehen. Die Beschreibung des Geschehens wird dazu mit persönlichen Gedanken und Empfindungen verbunden.

Form

Die Gliederung folgt der **chronologischen Abfolge** des Geschehens. Dabei werden besonders bewegende Momente anschaulich und detailliert dargestellt und die Wirkung genau beschrieben.
Abschließend wird ein Gesamteindruck formuliert.

Warten an der Ampel
Wenn ich zur Schule gehe, muss ich jeden Morgen eine große, viel befahrene Straße überqueren und meistens an der Fußgängerampel warten. Es ist aber nicht so, dass ich mich langweilen würde! Ich achte genau auf die vielen verschiedenen Automarken und darauf, welche Farben die Autos haben: Es kommt mir vor wie eine endlose, vielgliedrige Schlange aus schwarzen, grauen oder weißen Autos, ab und zu mit einem Farbtupfer, wenn ein grünes oder sogar ein orangefarbenes dabei ist. Manchmal wird das surrende Rauschen der fahrenden Autos von lauter Musik durchbrochen, die aus einem offenen Autofenster schallt, manchmal ein wummernder Bass, manchmal eine schöne Melodie, manchmal eine voluminöse, klangvolle Gesangsstimme. Das Rauschen verändert sich, wenn die Schlange reglos steht, meine Fußgängerampel springt auf Grün um und ich darf hinübergehen!

Sprachliche Gestaltung

- Die Sprache ist vielfältig und persönlich gefärbt. Es werden farbige, ausdrucksstarke Adjektive verwendet, die durchaus wertend sein können. Verben der Bewegung dienen ebenso zum Ausmalen wie Sprachbilder und Vergleiche.
- In der Schilderung werden Zeitformen (↑ S. 15) der Vergangenheit und der Gegenwart verwendet, wobei das Präsens direkter und unmittelbarer wirkt.

eine **voluminöse, klangvolle** Gesangsstimme

wenn die Schlange **reglos steht**
wie eine endlose, vielgliedrige Schlange
(…) von lauter Musik durchbrochen, die aus einem offenen Autofenster schallt (…)

5 Die Inhaltsangabe

Im Unterschied zur Nacherzählung, die anschaulich und spannend geschrieben werden soll, informiert die Inhaltsangabe die Leserinnen und Leser sachlich nur über das Wichtigste eines Textes. Die Inhaltsangabe unterscheidet sich deshalb in der Form und in der sprachlichen Gestaltung stark vom Ausgangstext.

BLICKPUNKT

Friedrich von Schiller, *Die Bürgschaft*

Zu Dionys, dem Tyrannen, schlich
Damon, den Dolch im Gewande;
Ihn schlugen die Häscher in Bande.
„Was wolltest du mit dem Dolche, sprich!",
Entgegnet ihm finster der Wüterich.
„Die Stadt vom Tyrannen befrein!"
„Das sollst du am Kreuze bereuen."

„Ich bin", spricht jener, „zu sterben bereit
Und bitte nicht um mein Leben,
Doch willst du Gnade mir geben,
Ich flehe dich um drei Tage Zeit,
Bis ich die Schwester mit dem Gatten gefreit,
Ich lasse den Freund dir als Bürgen,
Ihn magst du, entrinn ich, erwürgen."

Da lächelt der König mit arger List
Und spricht nach kurzem Bedenken:
„Drei Tage will ich dir schenken."
(...)

Leitfragen

Ort Wo findet das Ereignis oder das Geschehen statt?
Zeit Wann spielt das Geschehen?
Thema Worum geht es im Text?
Figuren Welche Personen kommen vor? Welche Beziehung haben sie zueinander?
Handlung Welcher Handlungsverlauf ist erkennbar?
Perspektive Wer erzählt?
Aufbau Wie lässt sich der Text gliedern? Wie ist der Gedankengang oder die Argumentation aufgebaut?

Inhaltsangabe

Merkmale	
Inhalt Die Inhaltsangabe fasst in knapper Berichtsform und ohne persönliche Wertung die wichtigsten Stationen einer Handlung und die Hauptaspekte eines Textes zusammen.	erzählende Texte, Gedichte, Theaterstücke, Reden oder Sachtexte
Tempus ■ Die Inhaltsangabe wird grundsätzlich im Tempus **Präsens** (↑ S. 15) verfasst.	Die Kurzgeschichte *Känsterle* von Rainer Brambach (Diogenes Verlag 1972) **beschreibt** das gestörte Verhältnis zwischen zwei älteren Eheleuten.
■ Wird in der Inhaltsangabe etwas Vorzeitiges ausgedrückt, greift man z. B. auf Ereignisse zurück, die vor der eigentlichen Handlung liegen, so wird das Tempus **Perfekt** benutzt.	Känsterle verkleidet sich, (Präsens) weil seine Frau ihn **überredet hat**. (Perfekt)

Merkmale (Fortsetzung)

Sprachliche Gestaltung

- In der Inhaltsangabe wird der Inhalt eines Textes **mit eigenen Worten** wiedergegeben.
- Die Sätze werden nicht einfach aneinandergereiht, sondern sie zeigen den **Zusammenhang der Handlung** oder die **Gründe** für das Handeln einer Person auf. Hierzu werden Adverbien (seitdem, dadurch, so, deswegen, ↑ S. 26) und Subjunktionen (weil, obwohl, während, ↑ S. 33) benötigt.

Weil Rosa ihn überredet hat, in zwei Tagen den Nikolaus für die Kinder Konrad und Peter zu spielen, verkleidet er sich auf dem Dachboden.

- Die Sprache ist sachlich, knapp und informierend. Auf Ausschmückungen wird verzichtet. Daher werden wenig beschreibende Adjektive verwendet.
- Es darf keine Spannung oder Dramaturgie erzeugt werden. Wörter wie **plötzlich** dürfen nicht verwendet werden.

Känsterle, ~~der einfache Schlosser~~, sitzt nach dem Feierabend ~~entspannt~~ vor dem Fernseher. (...) Känsterle verfängt sich in seinem Kostüm und stürzt ~~plötzlich~~ die Bodentreppe hinab.

- Es wird keine wörtliche Rede verwendet. Passagen, die in die Inhaltsangabe aufgenommen werden, stehen in der indirekten Rede (↑ S. 22).

(...), kreischt Rosa – Durch Rosas Kreischen, er **schlachte** die Buben, ...

Aufbau

Einleitung

- Im Einleitungssatz der Inhaltsangabe werden in knapper Form die wesentlichen Informationen zum Text zusammengefasst.
- Der Einleitungssatz wird durch einen Absatz vom Hauptteil getrennt. Er nennt:
  - Titel des Textes,
  - Textart,
  - Autorin/Autor,
  - evtl. Erscheinungsjahr,
  - Thema,
  - Aussageabsicht.

Anmerkung: Durch die strophische Gliederung eines Gedichts sind bereits einzelne Sinnabschnitte vorgegeben. Allerdings können mehrere Strophen zu einem Sinnabschnitt gehören!

In der Ballade *Die Bürgschaft* von Friedrich von Schiller soll gezeigt werden, dass Damon mit seiner wahren Freundschaft Größeres erreicht als der Tyrann durch seine Selbstbezogenheit.

Hauptteil

- Der Handlungsaufbau wird in logischer Reihenfolge dargestellt, d. h., er ist nicht an einer verwickelten Handlungsführung des Textes orientiert.
- Hinweise auf wichtige Einzelheiten sind enthalten.

Damon wird während seines Anschlagsversuchs auf den Tyrannen Dionys festgenommen und zum Tode verurteilt. Weil er jedoch noch seine Schwester verheiraten möchte, lässt er seinen Freund als Bürgen beim Tyrannen unter der geforderten Bedingung zurück, dass dieser sterben muss, wenn Damon nicht rechtzeitig zurückkommt. Damon erhält eine Frist von drei Tagen ...

Schluss

- Ein Schlusssatz ist nicht unbedingt nötig.
- Er kann die Wirkung des Textes auf den Leser / die Leserin beschreiben oder eine persönliche Einschätzung oder Beurteilung des Textes enthalten.

BESONDERS NÜTZLICH

Die Textbearbeitung für eine Inhaltsangabe

Um den inhaltlichen Kern eines Textes herauszuarbeiten und die wichtigsten Informationen herauszufiltern, sind drei Methoden hilfreich: die Textkürzung, Textmarkierung und Textzusammenfassung.

Textkürzung
- Streiche alle Ausschmückungen im Text.
- Streiche alle Textpassagen in literarischen Texten, die nicht für den Fortgang der Handlung von entscheidender Bedeutung sind oder ausführliche Beschreibungen enthalten.
- Streiche in Sachtexten alle Passagen, die nicht zur Fortsetzung des Kerngedankens gehören.

Textmarkierung
- Unterstreiche in literarischen Texten alle Informationen, die zum Verständnis wichtig sind: Personen, Stationen der Handlung, entscheidende Ereignisse oder Schauplätze.
- Unterstreiche in Sachtexten alle Aussagen, die Teil des zentralen Gedankengangs sind.

Textzusammenfassung
- Gliedere den Text in Sinnabschnitte.
- Fasse den Inhalt der einzelnen Abschnitte zusammen, indem du jedem Abschnitt eine Überschrift gibst oder den Inhalt in einem vollständigen Satz wiedergibst.

6 Die Charakterisierung

Der **Charakter** einer Figur ist im Allgemeinen vielgestaltig und setzt sich aus verschiedenen Wesenszügen zusammen. Ist der Charakter einer Figur hingegen auf eine Eigenschaft begrenzt (z. B. der Geizige, die Böse, der Lügner), so spricht man von einem **Typus.**

BLICKPUNKT

Charakterisierung

Einleitung	Titel, Autorin/Autor, Textart, Bedeutung der Figur im Text (Haupt- oder Nebenfigur), auffälligste Charaktereigenschaften	
Hauptteil	**äußere Merkmale**	**innere Merkmale**
	Lebensdaten: Alter, Beruf	Charaktereigenschaften, Handlungen oder Verhaltensweisen und ihre Motive
	Gesamteindruck: Erscheinung, Körpergröße, Körperform	
	einzelne Körperteile: Haare, Gesicht, Hände	Verhalten gegenüber anderen Figuren
	besondere Kennzeichen: Bekleidung, Schmuck	Entwicklung der Figur im Verlauf des Textes
Schluss	Bewertung bzw. persönliche Stellungnahme zur Figur	

Arbeitsschritte

Vorarbeiten am Text Lies den Text sorgfältig durch und arbeite alle wichtigen Informationen heraus: ■ Unterscheide als Erstes zwischen **äußeren** und **inneren** Merkmalen der Figur. Wenn ein literarischer Text nur wenige Hinweise zum äußeren Erscheinungsbild enthält, kann dies in der Charakterisierung vermerkt werden. ■ In Klammern wird angegeben, – wer die Einschätzung vornimmt (Erzählinstanz, Aussage einer Figur, Selbstaussage), – an welcher Stelle des Textes die Information zu finden ist. Dies wird durch die Angabe der Seitenzahl belegt.	Beispiel: Hanno Buddenbrook in Thomas Manns Roman *Die Buddenbrooks* (Verlag S. Fischer, 1982) äußere Merkmale: - „Mit seinem braunen Haar, das er jetzt seitwärts gescheitelt und schräg von seiner weißen Stirn zurückgebürstet trug“ (Erzählinstanz, S. 620) - „goldbraune Augen“ (Erzählinstanz, S. 620) - „bläuliche Schatten in den Winkeln seiner Augen“ (Erzählinstanz, S. 620) - „seiner körperlichen Zartheit“ (Erzählinstanz, S. 620) innere Merkmale: - „Hanno mit seiner oft schwerfälligen Auffassung, seiner träumerischen Unaufmerksamkeit“ (Erzählinstanz, S. 620) - „zugegeben, dass die Liebe des Jungen zum freien Spiel ohne Noten von einer nicht ganz gewöhnlichen Veranlagung sprach“ (Vater, S. 619) - Hannos Vater hatte „die Musik als seine Feindin empfunden“ (Vater, S. 619)
Inhalt, Form und Sprache ■ Aus den gesammelten Informationen muss ein Gesamtbild der Persönlichkeit entstehen. ■ Die Charakterisierung soll sich grundsätzlich im Aufbau an äußeren und inneren Merkmalen orientieren. ■ Der Text wird schließlich so formuliert, dass äußere und innere Merkmale aufeinander bezogen werden. ■ Eine Charakterisierung wird wie eine Inhaltsangabe im Präsens (↑S. 15) verfasst.	Hanno Buddenbrook wirkt durch sein äußeres Erscheinen gebrechlich und seine Lebenskraft scheint schwach zu sein. Durch die bläulichen Schatten, die seine braunen Augen umgeben, wird in seinem äußeren Erscheinen angedeutet, dass er Charaktereigenschaften von beiden Eltern übernommen hat. Andererseits weist die ablehnende Haltung von Hannos Vater zur Musik auf ein schwieriges Verhältnis zwischen Vater und Sohn.

7 Die Erörterung

Nimmt man zu einer offenen, unentschiedenen Frage Stellung oder setzt man sich mit der Problemstellung eines Textes in schriftlicher Form gedanklich auseinander, spricht man von **Erörtern.** Bei der Erörterung werden Gründe und Gegengründe abgewogen, um so einen begründeten, eigenen Standpunkt zu entwickeln, der für die Lesenden nachvollziehbar ist.

BLICKPUNKT

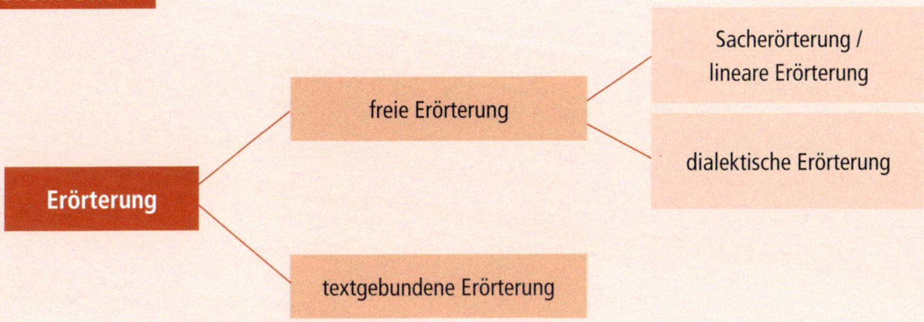

7.1 Die freie Erörterung

In der freien Erörterung wird ein Thema oder eine Problemstellung unabhängig von einer Textvorlage behandelt. Ziel der freien Erörterung ist die Begründung der eigenen Meinung durch sinnvoll angeordnete und überzeugende Argumente.

7.1.1 Die Sacherörterung / Die reihende (lineare) Erörterung

Bei der Sacherörterung wird eine Sachfrage erläutert. Sie wird nur von einer Seite aus betrachtet und nicht in Form einer Gegenüberstellung von Pro- und Kontra-Argumenten erörtert. Daher spricht man auch von einer reihenden oder linearen Erörterung. Die Sacherörterung wird häufig durch eine W-Frage eingeleitet.

BLICKPUNKT

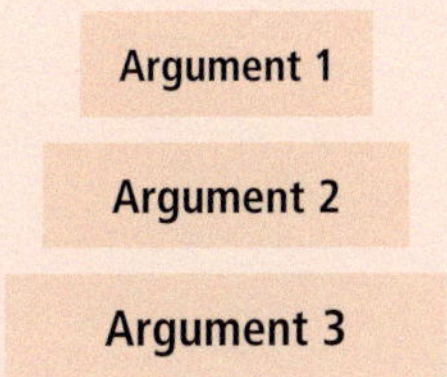

Die Argumente werden zu einer Argumentationskette nach ihrer Wichtigkeit aneinandergereiht, um die eigene Position möglichst überzeugend zu präsentieren. Das stärkste Argument steht am Schluss der Argumentationskette (klimaktische Anordnung).

Aufbau

Einleitung
- Hinführung zum Thema
  - Aktualität des Themas
  - Klärung des genauen Verständnisses der Fragestellung und Überlegungen zur Bedeutung der Frage

Hauptteil
- Formulierung der eigenen These zur Fragestellung
- Argumentation aus einer Blickrichtung auf das Problem bzw. die These
  - klimaktische Anordnung der Argumente
  - Stützung der Argumente durch Beispiele, Belege und Zitate

Schluss
- Zusammenfassung der Ausführungen und abschließende Stellungnahme
- Ausblick

7.1.2 Die dialektische Erörterung

Gegenstand der dialektischen Erörterung ist die Darstellung gegensätzlicher Standpunkte sowie eine persönliche Entscheidung für die Pro- oder die Kontra-Argumentation oder für einen Kompromiss.

Aufbau

Einleitung
- In der Einleitung zu einer dialektischen Erörterung werden die konkurrierenden gegensätzlichen Positionen zur behandelten Frage oder zum kontroversen Sachverhalt aufgezeigt.
- In der Regel geschieht dies, indem man am Ende der Einleitung These und Gegenthese klar benennt.
- Die Bedeutung des Themas kann durch das Zitat eines Experten / einer Expertin deutlich werden.
- Hilfreich können folgende Aspekte zur Steigerung des Leseinteresses sein:
  - Hinweis auf konkrete Einzelfälle,
  - Bezug des Themas zu eigenen Erfahrungen,
  - Hinweise auf einen aktuellen Anlass, zur Geschichte oder zur Entwicklung des Problems.

Die Frage, ob die Handynutzung an deutschen Schulen grundsätzlich erlaubt oder verboten sein sollte, wird nicht erst seit dem Handyverbot an Schulen in Frankreich im Jahr 2018 kontrovers diskutiert. „Diese Frage ist bei Eltern und Lehrkräften gleichermaßen umstritten“, sagt der Erziehungswissenschaftler Klaus Wegner. Während diejenigen, die die Handynutzung befürworten, besonders darauf verweisen, dass Smartphones ein Bestandteil der Lebenswirklichkeit sind, stehen auf der Gegenseite Überlegungen zu den Vorteilen einer Pause vom Smartphone und zu möglichem Missbrauch in der Unterrichtszeit im Vordergrund. (...)

Schreiben

Aufbau (Fortsetzung)

Hauptteil

- Die Gliederung orientiert sich an den Pro- und Kontra-Argumenten, sodass entweder eine Block- oder eine Wechselstruktur zwischen den Argumenten entsteht.
- Die Argumente werden so angeordnet, dass der eigene Standpunkt möglichst gut unterstützt wird.

Als zentrales Argument, die Nutzung des Smartphones im Unterricht abzulehnen, dient die potenzielle Ablenkung und der Verlust der Aufmerksamkeit, weil durch den andauernden kurzen Blick aufs Handy die Konzentration verloren geht. In diesem Zusammenhang wird darauf verwiesen, dass Lehrerinnen und Lehrer nicht überprüfen können, ob das Handy wirklich zur Lösung der Aufgabe verwendet wird. (...)

- Die Vorarbeiten wie Sammeln und Ordnen der Argumente müssen abgeschlossen sein, bevor die Erörterung tatsächlich geschrieben wird. Nur so wird eine wirkungsvolle Argumentation aufgebaut.
- Eine gute Argumentation hängt von der Qualität der verwendeten Argumente ab, nicht von deren Anzahl. Schwache und anfechtbare Begründungen sollten deswegen vermieden werden.

Diejenigen, die die Handynutzung befürworten, betonen hingegen den großen Nutzen, der für den Unterricht entsteht. So lassen sich andere Aufgabentypen bearbeiten, bei denen auch recherchiert werden kann. Dabei kann zugleich der verantwortungsvolle Umgang mit dem Internet thematisiert werden, die Glaubwürdigkeit von Quellen untersucht und so letztlich die Medienkompetenz der Schülerinnen und Schüler gestärkt werden. (...)

Schluss

- Anknüpfung an den Hauptteil:
  - Im Schlussteil der Pro-und-Kontra-Erörterung wägt man die im Hauptteil vorgebrachten Argumente gegeneinander ab und formuliert den eigenen Standpunkt.
  - Das Abwägen der Argumente darf nicht den Eindruck vermitteln, dass damit der Hauptteil noch einmal wiederholt wird.
  - Die im Hauptteil erwähnten Gedanken können in einen größeren zeitlichen oder thematischen Zusammenhang gestellt werden (Prognose, Ausblick).

Die Gegenüberstellung der Standpunkte pro und kontra Handynutzung in jeder Schule zeigt, dass beide Positionen durch aussagekräftige und überlegte Argumente gestützt werden können.

Es kommt also darauf an, die Argumente sinnvoll gegeneinander abzuwägen und einen Ausgleich zu finden zwischen dem Nutzen auf der einen Seite und den Gefahren auf der anderen.

- Schlussbemerkung:
  - Um die Erörterung insgesamt abzurunden, kann an die Inhalte der Einleitung angeknüpft werden.
  - Hinweise auf ähnliche Probleme oder kontroverse Fragestellungen in anderen Zusammenhängen können gegeben werden.

Die Überlegungen zeigen schließlich, dass sich in Deutschland an jeder einzelnen Schule die gesamte Schulgemeinschaft mit der Problematik auseinandersetzen und einen Weg finden muss, der immer wieder evaluiert und angepasst werden wird.

BESONDERS NÜTZLICH

Zwei Schemata einer dialektischen Erörterung

Die beiden Aufbaumöglichkeiten der dialektischen Erörterung unterscheiden sich nur im Hauptteil.

Schema 1: Die Erörterung im Block

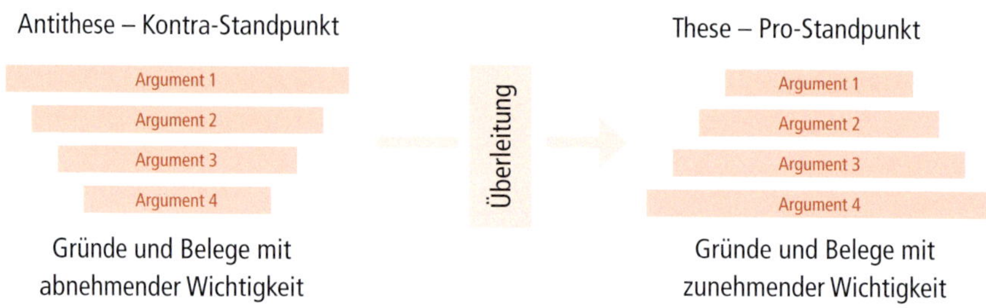

Schema 2: Die Erörterung im Wechsel

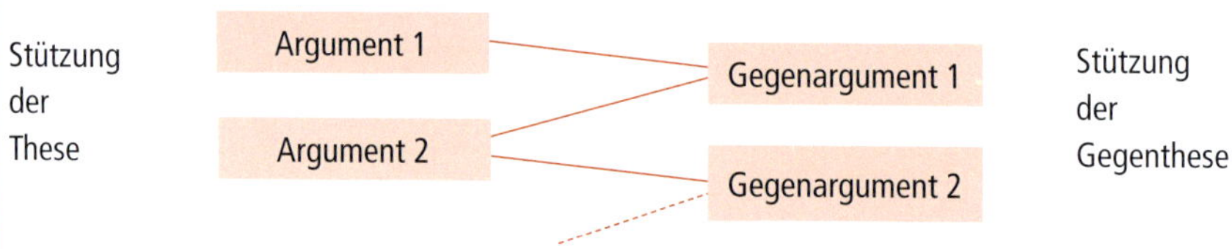

7.2 Die textgebundene Erörterung

Merkmale

Inhalt

- Eine textgebundene Erörterung bezieht sich auf eine Textvorlage, z. B. einen Zeitungstext, der eine strittige Frage behandelt oder ein Problem diskutiert.
- Durch den Bezug zu einem vorliegenden Text unterscheidet sie sich grundsätzlich von den Formen der freien Erörterung, da die Textvorlage zunächst erschlossen werden muss und die darin angeführten Meinungen, Beispiele und Argumente des Textes zuerst überprüft werden müssen.

Aufbau

In der **Einleitung** werden die wichtigsten Informationen zusammengefasst:

- Hinweis auf die Textvorlage: Nennung von Titel, Verfasserin/Verfasser, Quelle,
- Angabe des im Text behandelten Problems,
- Referieren der vorgebrachten Hauptthesen oder Forderungen; hierzu wird in der Regel die indirekte Rede (↑ S. 22) verwendet.

Im **Hauptteil** wird die Textvorlage erschlossen:

- Wiedergabe und Erläuterung der Argumentation des Autors oder der Autorin,
- kritische Auseinandersetzung mit dieser Argumentation.

Im **Schlussteil** erfolgt das Abwägen und die eigene Stellungnahme.

Umgang mit Texten

1 Eine Analyse schreiben

Wenn man Texte untersucht und analysiert, müssen grundsätzlich literarische Texte von Sachtexten unterschieden werden. Die literarischen Texte lassen sich wiederum jeweils einer literarischen Gattung zuordnen.

BLICKPUNKT

Texte

- **literarische Texte (fiktionale Texte)**
  - **Gattung Epik:** Anekdote, Erzählung, Fabel, Gleichnis, Kalendergeschichte, Kurzgeschichte, Märchen, Novelle, Parabel, Roman, Sage
  - **Gattung Lyrik:** Ballade, Elegie, Epigramm, Erzählgedicht, Hymne, Lehrgedicht, Lied, Ode, Sonett
  - **Gattung Dramatik:** absurdes Theater, Lehrstück, Komödie, Tragikomödie, Tragödie, Volksstück
- **Sachtexte/Gebrauchstexte (nicht fiktionale Texte)**
  - publizistische Texte Reden, Werbetexte, wissenschaftliche Texte

Einleitung

Die Einleitung eines Interpretationsaufsatzes führt die Leserinnen und Leser an den literarischen Text und dessen Interpretation heran. Die Einleitung wie auch die Textinterpretation insgesamt werden im Präsens verfasst.

- Sie sollte folgende Informationen enthalten:
  - literarische Gattung, Titel, Entstehungszeit und Autor/Autorin,
  - grundlegende Merkmale des Textes hinsichtlich Form, Sprache und Inhalt,
  - knappe Zusammenfassung des Inhalts,
  - besondere Auffälligkeiten und erster Leseeindruck.

Textbeschreibung

Durch die Textbeschreibung werden die objektiv feststellbaren Sachverhalte, Beobachtungen und Merkmale des zugrunde liegenden Textes herausgearbeitet. Hierzu gehören eine inhaltliche Zusammenfassung, die Analyse der Form und/oder das Herausstellen von stilistischen und sprachlichen Besonderheiten.

- Autorinnen und Autoren verfassen einen Text und dürfen nicht mit der Erzählinstanz, dem lyrischen Ich oder einer Dramenfigur verwechselt werden.
- Spezielle Fachbegriffe werden verwendet, um die Textbeschreibung kurz und sprachlich klar zu gestalten. Sie müssen nicht erklärt werden.
- Unterschiede und Gegensätze werden ebenso deutlich herausgestellt wie Parallelen und Vergleichbares im Text.
- Die Wirkung der Gestaltungselemente wird beschrieben.

Textdeutung
In der Textdeutung werden Schlussfolgerungen aus den Beobachtungen und Resultaten der Textbeschreibung gezogen.

- Sie wird durch die Ergebnisse der Textbeschreibung belegt und gestützt; sie kann nicht bewiesen werden.
- Eine wichtige Belegmöglichkeit sind Zitate.

Schluss
Der Schluss rundet die Interpretation ab.

- Er kann
  - eine eigene Meinung oder kritische Beurteilung des Textes formulieren,
  - eine wichtige, noch offene Frage oder eine verbleibende Schwierigkeit darstellen oder
  - eigene Erfahrungen oder Schlussfolgerungen für die Leserinnen und Leser beschreiben.

BESONDERS NÜTZLICH

Grundlegende Begriffe und ihre Definition

Texte
Texte sind zusammenhängende, schriftliche Vorlagen, die im Wortlaut festgelegt sind. Sie bestehen aus sprachlich-stilistischem Material, haben eine äußere Form und eine innere Struktur. Der Text, der Grundlage einer Analyse ist und auch als Werk bezeichnet wird, muss von Anmerkungen oder Kommentaren zum Text unterschieden werden.

Literarische Texte (fiktionale Texte)
Als fiktionale Texte werden alle dichterischen Texte bezeichnet, die reale oder erfundene Sachverhalte als wirklich darstellen. Die Figuren in einem Drama oder einem Roman sind Teil einer fiktiven Welt, d. h. einer als wirklich erscheinenden Welt. Den Lesenden oder Zuschauenden ist hierbei bewusst, dass die Figuren nur wirklich erscheinen, sie jedoch nicht wirklich sind.

Sachtexte (nicht fiktionale Texte)
Nicht fiktionale Texte oder Gebrauchstexte sind Sammelbegriffe für Texte, die eine Zweck- oder Gebrauchsfunktion haben.

Analyse, analysieren
Die Textanalyse hat zum Ziel, die Besonderheiten und bestimmenden Merkmale eines Textes zu erfassen und herauszuarbeiten. Die Analyse bildet die Grundlage der Interpretation.

- In der **Formanalyse** werden die Merkmale der Form bestimmt,
- in der **Strukturanalyse** wird die Art und Weise des Aufbaus im Ganzen und in einzelnen Teilen herausgearbeitet und
- in der **Stilanalyse** werden die sprachlichen Besonderheiten untersucht.

Interpretation, interpretieren
Die Interpretation zielt allgemein auf die Deutung oder Auslegung jeder Art von Geschriebenem. Die Interpretation literarischer Texte stützt sich auf die Ergebnisse der vorangegangenen Analyse und deutet den Text mithilfe dieser einzelnen Analyseergebnisse so, dass ein Gesamtverständnis des Textes für die Lesenden deutlich und nachvollziehbar wird. Durch den Rückbezug auf die einzelnen Analyseergebnisse sind die Schlussfolgerungen der Interpretation für die Lesenden plausibel.

2 Umgang mit erzählenden Texten

Bei der Analyse epischer (erzählender) Texte muss zwischen Autorin/Autor und Erzählinstanz unterschieden werden. Die Autorin / Der Autor hat den Text tatsächlich verfasst, die Erzählinstanz setzen Autorinnen und Autoren ein, um die Geschichte erzählen zu lassen. Die Erzählinstanz kann hierbei viele verschiedene Erzählperspektiven (↑ S. 89) einnehmen.

BLICKPUNKT

Roman und Erzählung

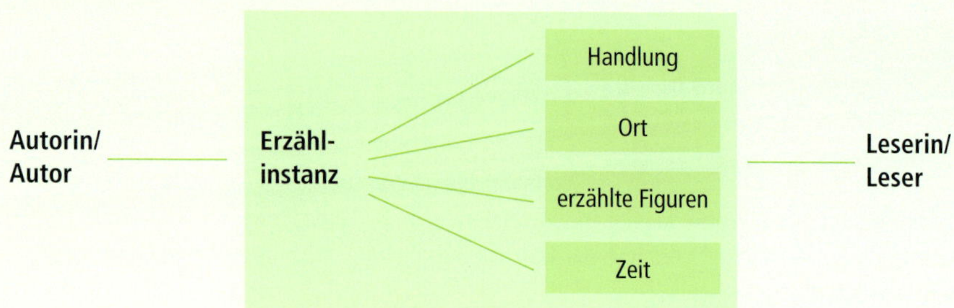

2.1 Merkmale erzählender Texte

Die Zeitform des Erzählens ist das **epische Präteritum.** Das epische Präteritum ist ein besonderes Merkmal **fiktionaler Prosa** (erzählender Texte). Es bezeichnet keine reale, historische Vergangenheit, sondern lässt die als vergangen angenommenen Geschehnisse gegenwärtiger erscheinen.

2.1.1 Die Erzählinstanz

Autorin/Autor und Erzählinstanz

Autorinnen und Autoren verfassen eine Erzählung. Sie erscheinen mit richtigem Namen oder unter einem Pseudonym auf dem Buchtitel. Die Verfasser/-innen einer Geschichte wählen eine Erzählform, in der den Lesenden das fiktive Geschehen vermittelt wird. Diese Vermittlungsinstanz wird häufig personifiziert und Erzählinstanz genannt.	Der **Autor** Conrad Ferdinand Meyer lebte von 1825 bis 1898. Er schrieb seine Novelle *Das Amulett* im Jahr 1873.
Die Erzählinstanz kann im Text als Figur in Erscheinung treten, sie ist jedoch nie mit Autorin/Autor identisch. Die Erzählinstanz ist eine von Autorin/Autor erfundene Figur, die zwischen der Welt des Erzählwerks und der Welt der Lesenden vermittelt.	In der Novelle äußert sich die Figur des **Ich-Erzählers** zu ihrer eigenen Biografie: „Ich bin im Jahr 1553 geboren. (...)“ Die fiktive Biografie des Ich-Erzählers beginnt somit im 16. Jahrhundert.

Erzählformen

Erzählbericht Im Erzählbericht wird der Handlungsverlauf sachlich, präzise und in logisch folgerichtiger Darstellung präsentiert. Da der Erzählbericht auch nicht durch persönliche Stellungnahmen durchbrochen wird, hat die Erzählinstanz durch die Berichtsform die Möglichkeit zu straffen und das Geschehen voranzutreiben.	„Die Entzückungen des Wiedersehens waren noch nicht vorüber und die Anstalten zur Vermählung wurden auf das Lebhafteste betrieben, als der Bräutigam – verschwand." (Friedrich von Schiller, *Der Geisterseher*)
Beschreibung Die Erzählinstanz wird häufig in die Lage gesetzt, Handlungsorte oder Charaktere der Erzählung zu beschreiben.	„Gegen die Grenzen der Wiesen zu war ein Gebirgsbach, über welchen ein hoher Steg führte. Die Kinder gingen auf den Steg und schauten hinab. Im Bache war schier kein Wasser; ein dünner Faden von sehr starker blauer Farbe ging durch die trockenen Kiesel des Gerölls, die wegen der Regenlosigkeit ganz weiß geworden waren, (...)" (Adalbert Stifter, *Bergkristall*)
Kommentar/Reflexion Die Erzählinstanz kann eigene Überlegungen äußern und so in den Handlungsablauf eingreifen.	„Solchen närrischen Leuten mag ich mich nun nicht gleichstellen, (...)" (Grimmelshausen, *Der abenteuerliche Simplicissimus*)

2.1.2 Die Erzählperspektive

Den besonderen Blick- oder Standpunkt, von dem aus eine Geschichte erzählt wird, bezeichnet man als Erzählperspektive. Erzählperspektiven unterscheidet man grundsätzlich nach der **Er-Form** und der **Ich-Form.** Mit der Erzählperspektive kann der Verfasser oder die Verfasserin die Sichtweise der Lesenden lenken.

Der **Erzählstandort** ist ein besonderer Aspekt der Erzählperspektive. Wie bei der Kameraeinstellung im Film kann die Erzählinstanz aus großer Ferne, aus großer Nähe oder auch mit einem eingeschränkten Blickwinkel die Geschehnisse wahrnehmen.

Die Er-Form

Die handelnde, erlebende Figur und die erzählende Figur sind nicht identisch.	„Er ritt einst, mit einer Koppel junger Pferde, wohlgenährt alle und glänzend, ins Ausland, (...)" (Heinrich von Kleist, *Michael Kohlhaas*)

Die Ich-Form

■ In der Ich-Form ist die Erzählinstanz eine Figur, die selbst ein **Teil der Handlung** ist. Sie gehört zur Welt der Erzählung. ■ Sie scheint das Erzählte unmittelbar erlebt oder aus erster Hand erfahren zu haben. ■ Sie kann auktorial oder personal angelegt sein.	„Es liegt mir daran, gleich in den ersten Zeilen dieser Niederschrift zu beweisen oder darzutun, dass ich noch zu den Gebildeten mich zählen darf. Nämlich ich habe es in Südafrika zu einem Vermögen gebracht, (...)" (Wilhelm Raabe, *Der Stopfkuchen*)

Auktoriale Ich-Form Das auktoriale erzählende Ich organisiert als **erinnerndes Ich** mit Distanz aus dem Rückblick das Geschehen, an das es sich erinnert.	„Was ich zu berichten beabsichtige, ist mir vor reichlich einem halben Jahrhundert im Hause meiner Urgroßmutter, der alten Frau Senator Feddersen, kundgeworden.“ (Theodor Storm, *Der Schimmelreiter*)
Personale Ich-Form Das personale erzählende Ich vermittelt unmittelbar das Geschehen. Erzählendes und erlebendes Ich sind eins.	„Ich stehe auf der Plattform des elektrischen Wagens und bin vollständig unsicher, in Rücksicht meiner Stellung in dieser Welt.“ (Franz Kafka, *Der Fahrgast*)

Die auktoriale Erzählperspektive

■ Die auktoriale Erzählinstanz erscheint als eigenständige Figur, die außerhalb des Erzählten steht. Sie erzählt aus dieser Distanz heraus. Die Leserinnen und Leser blicken mit ihr **von außen** auf die Figuren, sie ist eine allwissende Erzählinstanz. ■ Typische Erzählweisen der auktorialen Erzählinstanz sind der Erzählbericht, der Erzählkommentar und die indirekte Rede (↑ S. 22). ■ Besonders deutlich tritt die auktoriale Erzählinstanz hervor, wenn sie sich in das erzählte Geschehen einmischt oder ihre Kenntnisse über die Vor- oder Nachgeschichte eines Ereignisses erwähnt. Sie kann sich auch direkt an die Leserinnen und Leser wenden.	„In Jeronimos und Josephens Brust regten sich Gedanken von seltsamer Art. Wenn sie sich mit so vieler Vertraulichkeit und Güte behandelt sahen, wussten sie nicht, was sie von der Vergangenheit denken sollten, vom Richtplatze, von dem Gefängnisse, und der Glocke; und ob sie bloß davon geträumt hätten?“ (Heinrich von Kleist, *Das Erdbeben in Chili*) „Seltsamer und wunderlicher kann nichts erfunden werden, als dasjenige ist, was sich mit meinem armen Freunde, dem jungen Studenten Nathanael, zugetragen und was ich Dir, günstiger Leser! zu erzählen unternommen.“ (E. T. A. Hoffmann, *Der Sandmann*)

Die personale Erzählperspektive

■ Die Erzählfigur tritt in den Hintergrund, es fehlt eine Erzählinstanz mit eigenständigen Zügen. Die Leserinnen und Leser haben den Eindruck, sie befänden sich **unmittelbar im Geschehen** oder sie sähen die Vorgänge aus der Perspektive einer beteiligten Person. Die personale Erzählperspektive wirkt dadurch direkt und unmittelbar. ■ Das Geschehen wird **aus der Sicht einer** oder **mehrerer Figuren** der Handlung dargestellt. Die äußere Wahrnehmung wird dadurch begrenzt, die innere jedoch erweitert. Es können besonders gut Bewusstseinszustände und -prozesse und Gefühle dargestellt werden. ■ Typische Erzählweisen sind Personenrede (direkte Rede) und innerer Monolog. ■ Der Raum der äußeren Handlung wird allein durch das personale Erzählen erfasst.	„‚Ich bin es nicht gewesen‘, quäkte Kieselack dazwischen. ‚Aber wir!‘, entschied Lohmann, peinlich berührt durch diese Kameradschaft. (...) Von Ertzum wiederholte: ‚Ich habe es ganz allein kaputtgemacht. Das ist wahr.‘ ‚Mein Lieber, rede keinen Kohl‘, bat Lohmann. Und der andere: ‚Zum – noch mal. Du warst ja ein ganzes Stück davon weg. Du saßest ja mit –‘ ‚Mit wem?‘, fragte der Vorsitzende.“ (Heinrich Mann, *Professor Unrat*, Rowohlt 1951)

Die neutrale Erzählperspektive

- Das Geschehen wird unmittelbar ohne die Bindung an eine Person wiedergegeben.
- Es wird weder aus der Sicht einer Person erzählt noch wird es kommentiert.
- Fakten und Vorgänge werden **sachlich** beschrieben bzw. berichtet oder der Erzählvorgang besteht einfach darin, dass Gespräche ohne Zwischenbemerkungen, **wie protokolliert**, wiedergegeben werden.
- Typische Erzählweise ist das szenische Erzählen.

„Das Fliegenpapier Tangle-foot ist ungefähr sechsunddreißig Zentimeter lang und einundzwanzig Zentimeter breit; es ist mit einem gelben, vergifteten Leim bestrichen und kommt aus Kanada. Wenn sich eine Fliege darauf niederlässt – nicht besonders gierig, mehr aus Konvention, weil schon so viele andere da sind –, klebt sie zuerst nur mit den äußersten umgebogenen Gliedern aller ihrer Beinchen fest."
(Robert Musil, *Das Fliegenpapier*)

2.1.3 Die Figurenrede

Direkte (wörtliche) Rede
Im Erzähltext wird sie einer Person zugeordnet und durch **Anführungszeichen** gekennzeichnet.

„‚Und dort ist euer Haus?', fragte er."
(Adalbert Stifter, *Witiko*)

Szenische Darstellung
Ist eine Passage eines Erzähltextes durch die Wiedergabe direkter Äußerungen einer oder mehrerer Figuren gekennzeichnet, ohne dass sich die Erzählinstanz einschaltet, erhält die Passage eine **dialogische Struktur,** ähnlich wie im Drama. Man spricht in diesem Fall von szenischer Darstellung, weil die Figuren wie die sich unterhaltenden Personen im Drama erscheinen.

„Sein blauschwarzes Haar war geflochten, und seine Augen funkelten. ‚Wer bist du?', fragte die Amme erschrocken, ‚dich habe ich nie gesehen.' ‚Ich bin der Zwölfte, das mag dir genügen', entgegnete der Bote. ‚Es ist an mir, zu fragen, an dir, zu antworten. Trägt sie diesmal ein Ungeborenes im Schoß? Ist das Verhasste in diesem Monat geschehen? Dann wehe dir und mir und uns allen.' Die Amme verneinte heftig. ‚Also wirft sie noch keinen Schatten?', fragte der Bote weiter."
(Hugo von Hofmannsthal, *Die Frau ohne Schatten*)

Indirekte Rede
Werden die Gedanken und Äußerungen der Figuren von der Erzählinstanz referiert, verwendet sie die indirekte Rede. Hierbei werden Verben der Redewiedergabe wie **er sagte, sie meinte** oder **er dachte** benutzt. Formal ist die indirekte Rede durch den Gebrauch des Konjunktivs I (↑ S. 20) gekennzeichnet.

„Auf seine Frage, ob etwa ein Gesell angekommen sei, antwortete der Herbergsvater: Dies wäre allerdings der Fall; es sei am gestrigen Abend ein stiller, netter Bursch zugereist gekommen, und er zweifle nicht, dass er mit Vergnügen in Arbeit treten werde; (...)"
(Friedrich Hebbel, *Barbier Zitterlein*)

Innerer Monolog
Im inneren Monolog wird ein **stummes Selbstgespräch** präsentiert. Die Erzählinstanz tritt völlig zurück. Mittels der 1. Person Präsens wird eine authentische Präsentation gedanklicher Vorgänge in einer literarischen Figur und ihre unmittelbare Wahrnehmung durch die Leserinnen und Leser angestrebt.

„Wie lange wird denn das noch dauern? Ich muss auf die Uhr schauen ... schickt sich wahrscheinlich nicht in einem so ernsten Konzert. Aber wer sieht's denn? Wenn's einer sieht, so passt er gerade so wenig auf wie ich, und vor dem brauch' ich mich nicht zu genieren."
(Arthur Schnitzler, *Leutnant Gustl*)

Erlebte Rede Die Erzählinstanz gibt Gedanken und Empfindungen aus der **Perspektive der Figur** in der 3. Person meist im epischen Präteritum (↑ S. 88) wieder.	„Warum, warum war er hier? Warum saß er nicht in seiner Stube am Fenster und las in Storms ‚Immensee' und blickte hie und da in den abendlichen Garten hinaus, wo der alte Walnussbaum schwerfällig knarrte?" (Thomas Mann, *Tonio Kröger*, Fischer 1903)

2.1.4 Die Zeit: Erzählzeit und erzählte Zeit

Die Erzählzeit umfasst den Zeitraum, den die Erzählinstanz benötigt, um ihre Geschichte zu erzählen, bzw. den Zeitraum, den die Lesenden benötigen, um sie zu lesen. Die erzählte Zeit umfasst den Zeitraum, den der Inhalt der Geschichte umgreift. Drei Grundbeziehungen sind zwischen erzählter Zeit und Erzählzeit möglich: **Zeitraffung, Zeitdehnung** und **Zeitdeckung.**

Verhältnis Erzählzeit zu erzählter Zeit	
Zeitraffung Am häufigsten findet man in Erzähltexten die Zeitraffung. Die erzählte Zeit umfasst in diesem Fall einen großen Zeitraum, während die Erzählzeit kurz ist. Dadurch kann der **Erzählvorgang dynamischer** werden als z. B. bei der Zeitdehnung.	„Im Schnellzug, nach den raschen Handlungen und Aufregungen der Flucht und der Grenzüberschreitung, nach einem Wirbel von Spannungen und Ereignissen, Aufregungen und Gefahren, noch tief erstaunt darüber, daß alles gut gegangen war, sank Friedrich Klein ganz und gar in sich zusammen." (Hermann Hesse, *Klein und Wagner*, Suhrkamp 1952)
Zeitdehnung Wenn die Erzählzeit länger ist als die erzählte Zeit, spricht man von Zeitdehnung. Die Erzählzeit überschreitet die erzählte Zeit. Ein tatsächlich kurzer Vorgang oder ein Augenblick werden ausführlich beschrieben.	„Im Augenblick, da er im hellen Tageslicht unter dem gotischen Portale erschien, eingehüllt in einen weiten Chorrock aus Silberstoff, wurde er so blass, dass mehr als einer aus der Volksmenge dachte, es wäre einer der marmornen Bischöfe, die auf den Grabsteinen des Chores auf den Knien liegen, der sich erhoben hätte, um die dem Tode Geweihten an der Schwelle des Grabes zu empfangen." (Victor Hugo, *Der Glöckner von Notre-Dame*)
Zeitdeckung Wenn die erzählte Zeit und die Erzählzeit sich in etwa entsprechen, spricht man von Zeitdeckung. Es entsteht der Eindruck naturgetreuer Wiedergabe. Dies ist bei der wörtlichen Wiedergabe eines Dialogs möglich.	„In Falun in Schweden küsste vor guten fünfzig Jahren und mehr ein junger Bergmann seine hübsche Braut und sagte zu ihr: ‚Auf Sankt Luciä wird unsere Liebe von des Priesters Hand gesegnet. Dann sind wir Mann und Weib und bauen uns ein eigenes Nestlein.' – ‚Und Friede soll darin wohnen', sagte die schöne Braut mit holdem Lächeln, ‚denn du bist mein Einziges und Alles, und ohne dich möchte ich lieber im Grab sein als an einem anderen Ort.'" (Johann Peter Hebel, *Unverhofftes Wiedersehen*)

2.1.5 Der Raum

Raum als Handlungsort Unter dem Begriff des Raums wird zunächst ganz konkret der Handlungsort, d. h. der Schauplatz, an dem sich das Erzählte ereignet, bezeichnet.	In der Kurzgeschichte *Die Kirschen* von Wolfgang Borchert ist der Handlungsort eine kleine Wohnung. Der Vater befindet sich in der Küche und sein Sohn liegt im Nebenzimmer mit Fieber im Bett.
Raum als Gefühlsraum Der Begriff des Raums bezeichnet in einem erzählenden Text einen Bereich, mit dem eine Figur der erzählten Welt in besonderer Beziehung steht, zu dem sie eine emotionale Beziehung entwickelt hat.	In Goethes Briefroman *Die Leiden des jungen Werthers* schreibt Werther: „Die Stadt selbst ist unangenehm, dagegen ringsumher eine unaussprechliche Schönheit der Natur." Hier besteht eine besondere Beziehung zwischen der Gefühlswelt Werthers und der Natur.
Raum als Symbol Der Raum kann im Rahmen der erzählten Welt nicht nur für einen Ort des Geschehens stehen, sondern auch eine eigene Bedeutung gewinnen. In diesem Fall kommt dem Raum eine symbolische Bedeutung zu.	In Franz Kafkas Erzählung *Die Verwandlung* heißt es: „(...) denn anders konnte er es sich nicht erklären, dass er ernsthaft danach hatte verlangen können, dass sein Zimmer ausgeleert würde." Die Verwandlung des Zimmers in eine Höhle steht symbolisch für die psychische Veränderung des in einen Käfer verwandelten Gregor.

2.2 Erzählende Texte und ihre Interpretation

2.2.1 Die Fabel

Die Fabel ist eine literarische Kurzform, die ursprünglich mündlich vorgetragen wurde. Martin Luthers Fabeln zielen oft auf religiöse Unterweisung und moralische Erziehung. Bei La Fontaine (1621–1695) rückte das Unterhaltsame ins Zentrum, wohingegen Lessing im 18. Jahrhundert mit seinen Fabeln Kritik übte.

BLICKPUNKT

Die Eigenschaften der Tiere schaffen eine Bildebene der erzählten Welt, die eng auf eine Sachebene bezogen ist. Auf der Sachebene werden die Bilder entschlüsselt.

Bildbereich	←	Fabel	→	Sachbereich
Eine Maus will durch einen Bach schwimmen und sucht Rat beim Frosch. (...)		(Martin Luther, *Vom Frosch und der Maus*)		Ein Mensch sucht Hilfe (...)

Aus: Martin Luther, *Vom Frosch und von der Maus*

Eine Maus wollte gern ans andere Ufer eines breiten Baches, konnte aber nicht schwimmen und bat den Frosch um Rat und Hilfe. Der Frosch war ein Schalk und sprach zur Maus: „Binde deinen Fuß an meinen Fuß, so will ich schwimmen und dich hinüberziehen." Als sie aber mitten auf dem Wasser waren, tauchte der Frosch unter und wollte die Maus ertränken. Die Maus wehrte sich verzweifelt, zappelte und strampelte. Da wurde ein vorbeifliegender Bussard auf die zappelnde Maus aufmerksam, packte sie und zog sie mitsamt dem Frosch aus dem Wasser. Dann fraß er sie beide.

Inhalt

- Es treten meist Tiere als Spieler und Gegenspieler auf, denen bestimmte menschliche Eigenschaften zugeordnet sind.
- Fabeln zielen mit ihren verschlüsselten Wahrheiten auf Kritik menschlicher Schwächen sowie gesellschaftlicher oder politischer Zusammenhänge.

Spieler: Maus, Gegenspieler: Frosch
Maus: Hilfe suchend, leichtgläubig
Frosch: verschlagen, Bussard: gerecht
Hier wird die Moral nicht ausdrücklich formuliert. Sie könnte lauten: *Mit Hinterlist und Treulosigkeit schadet man schließlich sich selbst.*

Form/Aufbau

- Die **Einleitung** stellt eine Situation dar, in der alles, was zum Verständnis der nachfolgenden Handlungen wichtig ist, genannt wird.
- Im **Hauptteil** steigert sich die Spannung und steuert auf einen Höhepunkt zu. Sie entsteht dadurch, dass auf die Rede oder Handlung des ersten Tieres (Actio) eine Reaktion erfolgt (Reactio). Actio und Reactio können sich mehrmals wiederholen.
- Der **Schlussteil** enthält eine Lehre, die oft ausdrücklich formuliert ist.

Sprache

Die Fabel ist als Erzählung, manchmal als Vers oder Prosa verfasst. In einigen Fabeln reagieren die Handelnden im direkten Dialog aufeinander.

Die Macht der Winzigkeit

„‚Mach, dass du wegkommst!', schnaubte der Stier die Mücke an, die ihm im Ohr saß. ‚Du vergisst, dass ich kein Stier bin', sagte die Mücke und stach ihn gemächlich."
(Wolfdietrich Schnurre, Langen-Müller 1957)

2.2.2 Die Kurzgeschichte

Der Begriff Kurzgeschichte, eine Lehnübersetzung des amerikanischen Gattungsbegriffs **Short Story**, entwickelte sich in Deutschland mit dem literarischen Neubeginn nach 1945.

BLICKPUNKT

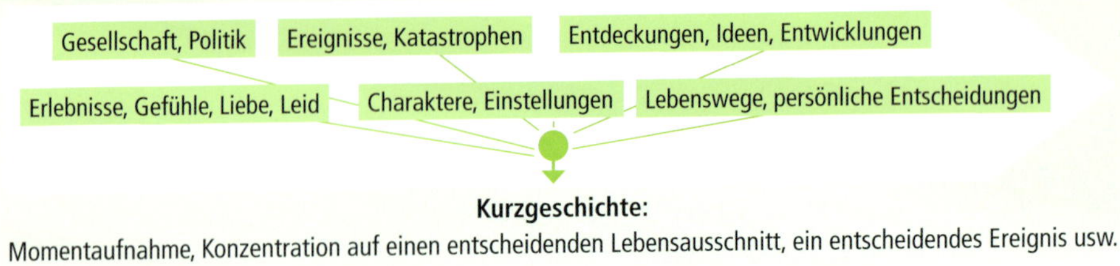

...me

...er vielfältigen Ausgestaltungen und Eigenarten der verschiedenen Texte kann die Frage, was eine ...rzgeschichte sei, nicht eindeutig beantwortet werden. Einige zumindest für viele Kurzgeschichten zutreffende Charakteristika gehen jedoch auf ihre knappe Form zurück.

Inhalt

- Die Kurzgeschichte konzentriert sich auf ein besonderes Ereignis oder eine besondere Lebenssituation. Hierdurch werden einzelne Details betont.
- Oft sind Inhalte des Alltags Gegenstand der Kurzgeschichte.
- Es kann auch die krisenhafte Gefährdung des Individuums in einer Welt thematisiert werden, die plötzlich als unsicher und fragwürdig erfahren wird.
- Häufig ist eine Grenzsituation mit Entscheidungszwang dargestellt.
- Das dargestellte Ereignis oder Geschehen ist ein besonderes, zumeist krisenhaftes Ereignis oder Geschehen, das nur einen kurzen Zeitraum umfasst.

Form

- Formal kennzeichnend sind Ausschnitthaftigkeit und Kürze.
- Der Handlungsverlauf ist häufig linear.
- Der Anfang der Kurzgeschichte ist oft unvermittelt, d. h., es gibt keine Einführung in die Situation. Die Kurzgeschichte endet häufig offen (offener Schluss), d. h., das Ende der Kurzgeschichte bietet keine Lösung; hierdurch wird bei den Lesenden Verunsicherung erzeugt, da sie von der Erzählinstanz zurückgelassen werden.

Erzählerische Gestaltung

- Der Standort der Erzählinstanz ist distanziert.
- Die Erzählhaltung ist zumeist personal oder neutral.
- Die erzählerische Atmosphäre ist aufgrund der gestalterischen Kürze sehr dicht.
- Die erzählerische Gestaltung ist auf das Ende der Kurzgeschichte hin angelegt.

Figuren

- Das Geschehen dreht sich häufig um eine oder zwei Hauptfiguren.
- Einfache Menschen, Verachtete, Leidende oder Außenseiter der Gesellschaft sind häufig die, die die Handlung tragen. Die Hauptfigur ist oft ein Antiheld / eine Antiheldin.
- Der Charakter der Hauptfigur ist alltäglich und unauffällig. Meistens sind die Lebensumstände für die Leserinnen und Leser nachvollziehbar. Die Figuren sind deshalb weniger individuelle Charaktere als Typen, die oftmals auch keine Namen tragen.

Sprache

- einfacher Sprachstil
- häufig parataktischer Satzbau (↑ S. 51)
- häufig Verwendung von Umgangs- und Alltagssprache

2.2.3 Die Novelle

Die Novelle ist kürzer als der Roman, jedoch umfangreicher als die Fabel oder die Kurzgeschichte. Goethe definierte die Novelle als eine „sich ereignete unerhörte Begebenheit“ (1827) und meinte damit eine noch nie gehörte Begebenheit. In ihrer Gestaltung und in ihrem Aufbau weist die Novelle Ähnlichkeit mit dem Drama auf, da sie auf ein einzelnes dramatisches Ereignis hin komponiert ist und Höhepunkte und Wendepunkte wichtige strukturelle Elemente sind.

BLICKPUNKT

alte Ordnung → „sich ereignete unerhörte Begebenheit“ (Goethe) → veränderte Situation

Merkmale der Novelle	Beispieltext: Heinrich von Kleist, *Das Erdbeben in Chili*
„unerhörte Begebenheit“	1. Erdbeben 2. Ermordung dreier Menschen
Wendepunkt/Höhepunkt	Das Erdbeben am Anfang der Novelle und die Ermordung von Jeronimo, Josephe und der irrtümliche Mord an Juan am Schluss sind unerhörte Begebenheiten und zugleich Höhepunkte und Wendepunkte der Ereignisse.
Symbole und Leitmotive	Glockenklang, Pfeiler, Granatapfel

Inhalt
Die Novelle konzentriert sich auf ein einzelnes Ereignis, die **unerhörte Begebenheit,** die real vorstellbar ist.

Form
- Die Konzentration auf ein einzelnes Ereignis führt zu zeitlicher Straffung und einer oft einsträngigen Handlungsführung.
- Der Wendepunkt und Spannungshöhepunkt sind klar herausgebildet, wobei die Spannung zum Ende der Novelle hin abklingt.
- Die Verwendung von Leitmotiven (einprägsame, formelhafte, wiederkehrende Aussagen) hat Gliederungsfunktion oder schafft Zusammenhänge.
- Das Spezifische der Novelle kann konzentriert in einem Dingsymbol zum Ausdruck kommen. Ein Dingsymbol ist ein Gegenstand von symbolhafter Bedeutung, das an entscheidenden Stellen wiederholt erscheint.
- Zur künstlerischen Gestaltung kann die Rahmenerzählung gehören, in die die eigentliche Geschichte als Binnenerzählung eingebettet ist.

Sprache
Die Novelle ist häufig in einem objektiven Berichtstil ohne Einmischung der Erzählinstanz verfasst.

2.2.4 Die Parabel

Die Parabel ist verwandt mit der Fabel und dem Gleichnis. Auch sie ist eine Vergleichsgeschichte. Von einem Vergleichspunkt aus wird auf den gemeinten Sachverhalt übertragen, ohne jedoch – wie beim Gleichnis – mithilfe von Vergleichspartikeln zu formulieren.

…pretation von Parabeln unterscheidet man zwischen einer Bildebene und einer Sachebene. …u des mathematischen Modells der Parabel lassen sich die Kennzeichen der literarischen Erzählform der Parabel folgendermaßen erschließen:

mathematisches Modell		literarischer Text
linker Parabelast	→	Der literarische Text baut den Bildbereich auf.
Scheitelpunkt: Dies ist der einzige Punkt, der auf der Symmetrieachse liegt.	→	Bild- und Sachebene fallen zusammen: Es gibt einen Vergleichspunkt, das **Tertium Comparationis** zwischen Bild- und Sachbereich.
Symmetrie: Jeder Punkt auf dem linken Parabelast hat seine genaue Entsprechung zu einem Punkt auf dem rechten Parabelast.	→	Die Aussagen auf der Sachebene werden durch Analogieschluss aus dem literarischen Text entnommen.

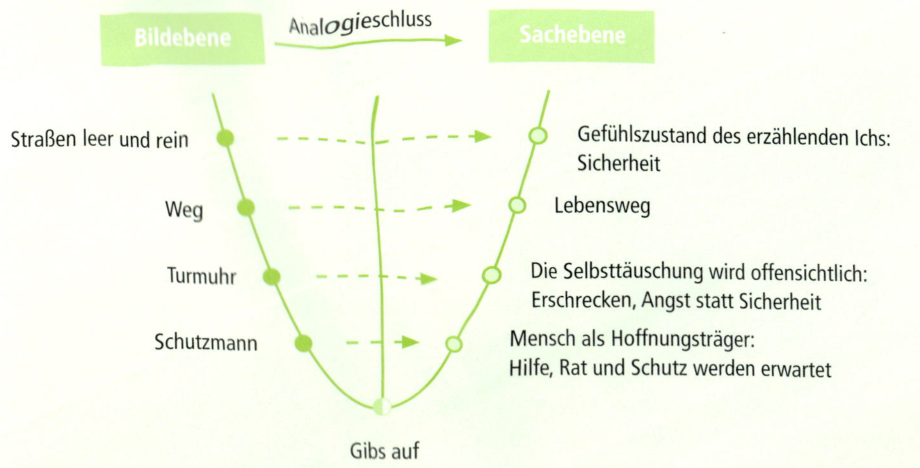

Das **Tertium Comparationis** zwischen Sach- und Bildebene:
Die Hoffnung auf Hilfe wird enttäuscht, der Hilfesuchende wird sogar durch das Lächeln des „Schutzmanns" mit Hohn und Spott bedacht. Das Hilfe suchende Ich ist völlig hoffnungslos und isoliert.

Aus: Franz Kafka, *Gibs auf!*

Es war sehr früh am Morgen, die Straßen rein und leer, ich ging zum Bahnhof. Als ich eine Turmuhr mit meiner Uhr verglich, sah ich, dass es schon viel später war, als ich geglaubt hatte, ich musste mich sehr beeilen, der Schrecken über diese Entdeckung ließ mich im Weg unsicher werden, ich kannte mich in dieser Stadt noch nicht sehr gut aus, glücklicherweise war ein Schutzmann in der Nähe, ich lief zu ihm hin und fragte ihn atemlos nach dem Weg. Er lächelte und sagte: „Von mir willst du den Weg erfahren?" „Ja", sagte ich, „da ich ihn selbst nicht finden kann." „Gibs auf, gibs auf", sagte er und wandte sich mit einem großen Schwunge ab, so wie Leute, die mit ihrem Lachen allein sein wollen.

Inhalt
Die Parabel ist ein zu einer selbstständigen Erzählung erweiterter Vergleich. Durch Analogies der gemeinte Sachverhalt von der Bildebene auf die Gedankenebene übertragen. Wesentlich ist die Tendenz der Parabel.

Form
Die Parabel kann eine Erzählung sein (Franz Kafka, *Die Verwandlung*). Es gibt aber auch dramatische Parabelstücke (Gotthold E. Lessing, *Nathan der Weise*) oder Parabeln in Romanform (Franz Kafka, *Der Prozess*).

Sprache
Da die Parabel zumeist einen prägnanten Einzelfall erzählt, wird dafür das **Präteritum** verwendet.

2.2.5 Weitere Formen erzählender Texte

Anekdote
Eine Anekdote ist eine kurze Erzählung, in der es häufig um eine geschichtliche Persönlichkeit oder um ein geschichtliches Ereignis geht. Schlaglichtartig werden in Form einer Pointe Begebenheiten dargestellt, die die Person oder das Ereignis kennzeichnen.

Detektivgeschichte
Die Detektivgeschichte ist eine besondere Form der Kriminalgeschichte, in der nicht die Darstellung eines Verbrechens, sondern die Ermittlungsarbeit der Person, die die Täterin / den Täter entlarven will, im Vordergrund steht.

Erzählung
Eine Erzählung ist ein Sammelbegriff für Kurzformen von epischen Gattungen (Fabel, Kurzgeschichte, Parabel, Novelle). Es handelt sich um eine mündliche oder schriftliche Darstellung von realen oder fiktiven Ereignissen vorwiegend in Prosa.

Gleichnis
Das Gleichnis ist mit den Textsorten Fabel und Parabel verwandt. Es handelt sich auch hier um parabolisches Sprechen. Im Gleichnis wird ein zu veranschaulichender Sachverhalt auf ein Bild bezogen. Die Bildebene entstammt zum besseren Verständnis der Ebene der Alltagswirklichkeit oder zumindest einem der Vorstellung der Leserinnen und Leser näherliegenden Bereich. Im Gleichnis beziehen sich zudem Sachebene und Bildebene durch Vergleichspartikel (so, so … wie) direkt und ausdrücklich aufeinander.

Kalendergeschichte
Kalendergeschichten entstanden, wie der Name bereits andeutet, im Zusammenhang mit der Entwicklung des gedruckten Kalenders im 16. Jahrhundert. Sie bezeichnet eine kurze, volkstümliche Erzählung, die immer belehrend ist, oft auch unterhalten soll und volkstümlich derbe Züge annehmen kann.

Märchen
Das Märchen zählt als literarische Textart wie die Sage zu den einfachen Formen, die ursprünglich mündlich überliefert wurden. Es ist eine (meist kurze) Erzählung in Prosa. Trotz der einfachen Erzählweise waren Märchen ursprünglich nicht für Kinder gedacht, sondern gehörten zum mündlichen Erzählgut der Erwachsenen. Grundsätzlich unterscheidet man die Volksmärchen, die mündlich überliefert wurden und deren Autorin/Autor unbekannt ist, von den Kunstmärchen, von denen man weiß, wer sie verfasst hat. Kennzeichnend für Märchen sind die formelhafte Sprache, die Verwendung von Symbolen und die Aufhebung von Natur- und Kausalgesetzen.

Der Roman ist eine epische Großform, die in Prosa verfasst ist. Dargestellt sind erfundene oder tatsächliche menschliche Begebenheiten. Romane enthalten in der Regel eine ganze Reihe von Personen als Handelnde, verzweigte Zusammenhänge durch Haupt- und Nebenhandlungen und einen breit ausgreifenden Aufbau.

Sage
Eine Sage ist eine zumeist kurze, volkstümliche Erzählung oder ein Bericht über ein außergewöhnliches, oft übernatürliches Ereignis oder Erlebnis, das an Personen, Naturerscheinungen oder bestimmte Gebäude geknüpft ist, und Anspruch auf Glaubwürdigkeit erhebt. Die Sage bietet einen Erklärungsversuch mittels überirdischer Kräfte oder wunderbarer Fügungen an, weil vernünftige Erklärungen nicht hinreichend sind. Die Sage hat oftmals einen geschichtlichen Kern. Man unterscheidet **Volkssagen** (die vor allem mündlich überliefert sind) und **Kunstsagen,** die von namentlich bekannten Menschen verfasst wurden. Die Sage ist mit dem Märchen verwandt, unterscheidet sich davon aber durch einen höheren Realitätsanspruch.

Sprichwort/Spruch
Ein bekannter, weitverbreiteter, eingängig formulierter Satz, Spruch oder Vers, der eine allgemein anerkannte Wahrheit, Lebenslehre oder Lebenserfahrung zum Ausdruck bringt. Im Gegensatz zu Redewendungen können Sprichwörter für sich allein stehen.

3 Umgang mit lyrischen Texten (Gedichten)

Das bestimmende Merkmal aller lyrischen Texte ist die **gebundene Sprache in Versen** und der besondere **Klangcharakter,** der mithilfe von Versmaß, Rhythmus und Reimschema (↑ S. 101–103) erzeugt wird. Bei der Analyse eines Gedichts wird der Autor / die Autorin vom **lyrischen Ich** unterschieden, das in vielen Gedichten seine Erlebnisse, Gefühle oder Eindrücke schildert, jedoch nicht mit Autor/Autorin identisch ist. Die Lyrik ist die poetische Gattung, die am unmittelbarsten menschliche Stimmungen ausdrücken kann.

BLICKPUNKT

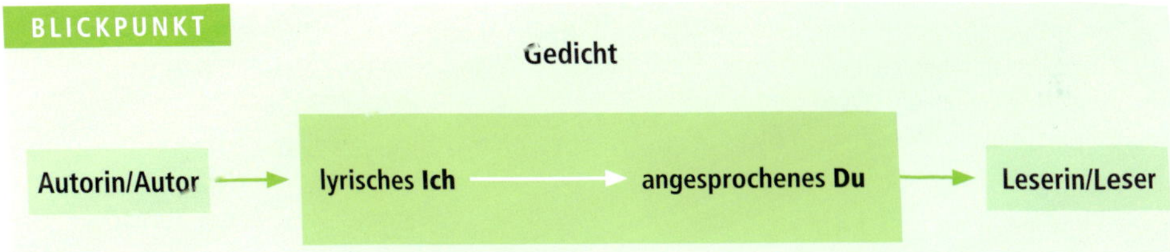

3.1 Merkmale lyrischer Texte

3.1.1 Der Inhalt

Gedichte lassen sich nach ihrem thematischen Schwerpunkt ordnen.

■ **Erlebnislyrik:** Dichterinnen und Dichter verarbeiten persönliche, subjektive, reale, irreale oder traumhafte Erlebnisse.	Johann Wolfgang von Goethe, *Willkommen und Abschied*
■ **Großstadtlyrik:** Es werden die oft negativen Erfahrungen des Menschen in der modernen Großstadt dargestellt.	Georg Heym, *Die Stadt*
■ **Liebeslyrik:** Es werden Gefühle und der seelisch-geistige Bereich einer Liebesbeziehung thematisiert.	Erich Fried, *In der Ferne*
■ **Naturlyrik:** Zentrale Motive sind Naturerscheinungen wie Landschaft, Wetter, Fauna und Flora.	Joseph von Eichendorff, *Mondnacht*
■ **Politische Lyrik:** Es werden politische Ideen oder Vorgänge thematisiert.	Heinrich Heine, *Die schlesischen Weber*

3.1.2 Die rhythmische Gestaltung

Der Vers

Als Vers bezeichnet man die Zeile eines Gedichts. Die Länge ist bewusst von der Autorin / dem Autor gewählt und steht zur Aussagekraft des Gedichts in enger Beziehung. Der erste Buchstabe wird unabhängig von den geltenden Rechtschreibregeln häufig großgeschrieben.	Goethes Gedicht *Ein gleiches* beginnt mit zwei Sätzen, die fünf Verse gestalten: „Über allen Gipfeln Ist Ruh, In allen Wipfeln Spürest du Kaum einen Hauch; (...)"

Die Strophe

Als Strophe bezeichnet man einen Gedichtabschnitt, der in der Regel aus mehreren Versen besteht. Eine Strophe ist durch einen Absatz von der nächsten Strophe (den folgenden Versen) getrennt.	In Heinrich Heines Ballade *Belsatzar* besteht jede Strophe aus zwei Versen: „Die Mitternacht zog näher schon; In stummer Ruh lag Babylon. Nur oben in des Königs Schloss, Da flackerts, da lärmt des Königs Tross. (...)"
Zeilenstil Das Ende einer syntaktischen Einheit, zum Beispiel ein Hauptsatz oder ein Nebensatz, stimmt mit dem Versende überein.	„Die Blätter fallen, fallen wie von weit, als welkten in den Himmeln ferne Gärten; sie fallen mit verneinender Gebärde." (Rainer Maria Rilke, *Herbst*)
Enjambement (Zeilensprung) Der Satz bzw. die syntaktische Einheit überspringt das Versende und wird in der nächsten Zeile fortgesetzt. Es gibt keine Sprechpause am Ende des Verses.	„Dicht wie die Löcher eines Siebes stehn Fenster beieinander, drängend fassen Häuser sich so dicht an, dass die Straßen Grau geschwollen wie Gewürgte stehn." (Alfred Wolfenstein, *Städter*, Fischer 1914)

BESONDERS NÜTZLICH

Silbe, Versfuß und Versmaß (Metrum)

Beim langsamen Sprechen zerfallen Wörter in **Silben:**
Kinder → Kin – der (zwei Silben)
Zimmerpflanze → Zim – mer – pflan – ze (vier Silben)

Silben können **betont** oder **unbetont** sein:
Kinder → Kin – der — Abfolge der Betonung: betont – unbetont
Zimmerpflanze → Zim – mer – pflan – ze — Abfolge der Betonung: betont – unbetont – betont – unbetont

Eine betonte Silbe (–) bezeichnet man in einem Vers als **Hebung,** eine unbetonte Silbe (◡) als **Senkung.** Das **Metrum** oder **Versmaß** bezeichnet die regelmäßige Abfolge von Hebungen und Senkungen in einem Vers. Es bezeichnet das abstrakte Schema, den speziellen Bauplan der Abfolge von Hebungen und Senkungen. Je nach Anzahl der Hebungen spricht man von einem zweihebigen Metrum, einem dreihebigen Metrum usw. **Versfüße** sind die kleinsten Einheiten des Metrums. Sie heißen wie in der Musik auch Takte. Die wichtigsten Versfüße sind Jambus, Trochäus, Daktylus und Anapäst.

zweihebiges Metrum:
–◡–◡ „Seht die Flam – me,
–◡–◡ die euch wärm – te"
(Wilhelm Müller, *Lieder der Griechen*)

–◡|–◡ Seht die Flam – me
kleinste Einheit des Metrums:
– ◡ (betont – unbetont)
zwei Takte

dreihebiges Metrum:
◡–◡–◡–◡ „Es war, als hätt der Him – mel
◡–◡–◡– Die Er – de still ge – küsst"
(Joseph von Eichendorff, *Mondnacht*)

◡–|◡–|◡–|◡ Es war, als hätt der Him – mel
kleinste Einheit des Metrums:
◡ – (unbetont – betont)
drei Takte mit weiblicher Kadenz (↑ S. 104)

Versfüße/Takte

Jambus (◡ –) Der Jambus hat eine steigende Silbenfolge von der Senkung (◡) zur Hebung (–). Jambische Verse sind sehr häufig. Sie wirken gleitend und man empfindet sie als frisch, belebend und dynamisch.	„Es ist schon spät, es wird schon kalt" ◡– ◡– ◡– ◡– (Joseph von Eichendorff, *Waldgespräch*)
Trochäus (– ◡) Der Trochäus ist ein fallender Versfuß, da der Hebung (–) eine Senkung (◡) folgt. Die Hebung zu Beginn gibt dem Vers etwas Gleichmäßiges, Festes und Kräftiges, manchmal auch Schweres.	„Freude, schöner Götterfunken" –◡–◡–◡–◡ (Friedrich Schiller, *An die Freude*)

Daktylus (– ◡◡) Den Daktylus empfindet man als bewegt. Man bevorzugt ihn wegen der Abfolge betont – unbetont – unbetont bei Tanzliedern.	„Ännchen von Tharau ist's, die mir gefällt" – ◡◡ – ◡◡ – ◡◡ – (unbekannter Dichter)
Anapäst (◡◡ –) Der Anapäst wird häufig im Wechsel mit dem Jambus gebraucht und als belebend empfunden.	„Wie mein Glück, ist mein Lied" ◡◡ – ◡◡ – (Friedrich Hölderlin, *Die Kürze*)
Auftakt Ähnlich wie in der Musik spricht man in einem Vers von einem Auftakt, wenn eine Silbe (selten zwei) vor der ersten Hebung liegt, die Anfangssilbe also unbetont ist (↑ vgl. Kadenz, S. 104).	Ein jambischer Vers hat einen Auftakt: „Der Mond ist aufgegangen" ◡ | – ◡ – ◡ – ◡ (Matthias Claudius, *Abendlied*) Ein trochäischer Vers ist auftaktlos: „Müde bin ich, geh zur Ruh'" – ◡ – ◡ – ◡ – (Luise Hensel, *Nachtgebet*)

Der Rhythmus

Versakzent und Sinnakzent Das Versmaß/Metrum stellt ein schematisches Grundgerüst dar. Orientieren sich die Vortragenden eines Gedichts ausschließlich am Metrum, dann wirkt der Vortrag „heruntergeleiert", da die Betonung des Sinns noch nicht ausreichend gestaltet wird. Die **Sinnakzente** in einem Vers können den Hebungen des Metrums entsprechen oder von ihnen abweichen. Der Rhythmus weckt bei den Zuhörenden die Aufmerksamkeit und erleichtert das Verstehen. Im Vortrag eines Gedichts können Gestaltungsmerkmale des rhythmischen Sprechens das Metrum überlagern durch: ■ notwendige Sinnakzente, ■ natürliche Sprechpausen, ■ Sprechtempo, ■ Klangfarbe, ■ Betonungsstärke.	In Eichendorffs *Wünschelrute* stimmen Versakzent und Sinnakzent überein, Metrum und Rhythmus entsprechen sich, sodass im Vortrag eine besonders harmonische Stimmung entsteht. „Schläft ein Lied in allen Dingen, Die da träumen fort und fort, Und die Welt hebt an zu singen, Triffst du nur das Zauberwort." In Eichendorffs *Mondnacht* entspricht im vierten Vers der Versakzent nicht dem Sinnakzent. Der Rhythmus überlagert das Metrum: Die erste Silbe im vierten Vers hat entsprechend dem jambischen Metrum eine Senkung, der Sinnakzent muss jedoch auf dem Wort **So** liegen, weil der vierte Vers eine kleine Zusammenfassung formuliert: „Die Luft ging durch die Felder, Die Ähren wogten sacht, Es rauschten leis die Wälder, So sternklar war die Nacht."
Zäsur Der Vers hat aufgrund des Satzbaus einen Einschnitt (Zäsur), der beim Vortrag zu einer kleinen Sprechpause führt.	Das zweite Komma markiert die Zäsur: „Du siehst, wohin du siehst, nur Eitelkeit auf Erden." (Andreas Gryphius, *Es ist alles eitel*)

3.1.3 Die klangliche Gestaltung

Der Reim

Endreim Häufig werden die einzelnen Verse durch einen Endreim miteinander verbunden. Endreime werden durch Kleinbuchstaben (a, b, c usw.) gekennzeichnet, wobei die reimenden Verse denselben Buchstaben erhalten.	**a** „Es ist schon spät, es wird schon **kalt,** **a** Was reitst du einsam durch den **Wald?** **b** Der Wald ist lang, du bist **allein,** **b** Du schöne Braut! Ich führ dich **heim!**" (Joseph von Eichendorff, *Waldgespräch*)
Reiner Reim Zwei Wörter reimen sich, wenn sie vom letzten betonten Vokal an gleich klingen. In Heinrich Heines Gedicht „Belsatzar" bestehen die Endreime der ersten beiden Strophen aus reinen Reimen.	„Die Mitternacht zog näher **schon;** In stummer Ruh lag **Babylon.** Nur oben in des Königs **Schloss,** Da flackerts, da lärmt des Königs **Tross.**"
Unreiner Reim So bezeichnet man den **annähernden Gleichklang** von Lauten. Der Endreim ist hier ein unreiner Reim.	„(...) Und er brüstet sich frech, und lästert **wild;** Die Knechtenschar ihm Beifall **brüllt.**"

Das Reimschema

Paarreim und umarmender Reim Theodor Fontane hat in seinem Gedicht „Ausgang" einen Paarreim (aa) mit einem umarmenden (umschließenden) Reim (bccb) kombiniert.	a „Immer enger, leise, **leise,** a Ziehen sich die Lebens**kreise,** b Schwindet hin, was prahlt und **prunkt,** c Schwindet Hoffen, Hassen, **Lieben,** c Und ist nichts in Sicht ge**blieben** b Als der letzte dunkle **Punkt.**"
Kreuzreim In Joseph von Eichendorffs „Wünschelrute" reimt sich jeder Vers mit dem übernächsten (abab). Dadurch wirkt der Kreuzreim spannender.	a „Schläft ein Lied in allen **Dingen,** b Die da träumen fort und **fort,** a Und die Welt hebt an zu **singen,** b Triffst du nur das Zauber**wort.**"
Schweifreim Annette von Droste-Hülshoff hat die erste Strophe ihres Gedichts „Im Moose" mit dem **Schweifreim** (aabccb) gestaltet. Der Schweifreim eignet sich besonders für sechszeilige Strophen und bewirkt eine Zweiteilung der Strophe (Paarreim + umarmender Reim)	a „Als jüngst die Nacht dem sonnenmüden **Land,** a Der Dämmrung leise Boten hat **gesandt,** b Da lag ich einsam noch im **Moose.** c Die dunklen Zweige nickten so ver**traut,** c An meiner Wange flüsterte das **Kraut,** b Unsichtbar duftete die Heide**rose.**"
Waise Als Waise (x) bezeichnet man einen ungereimten Vers in einem sonst gereimten Gedicht. Er erregt hierdurch besondere Aufmerksamkeit. In Eduard Mörikes Gedicht „Er ist's" durchbricht die Waise den Kreuzreim durch einen freudigen Ausruf, in dem die Ankunft des Frühlings verkündet wird.	a „Frühling lässt sein blaues Band b Wieder flattern durch die Lüfte: b Süße, wohlbekannte Düfte a Streifen ahnungsvoll das Land. c Veilchen träumen schon, d Wollen bald kommen. c – horch, von fern ein leiser Harfenton! **x Frühling, ja du bist's!** d Dich hab ich vernommen."

Die Klangelemente

Der Klang in einem Gedicht wird nicht nur durch den Reim und das Reimschema bestimmt, sondern oft auch durch das Prinzip der Wiederholung eines Wortes oder eines Lautes.

■ **Assonanz:** Als Assonanz bezeichnet man den Gleichklang der Vokale, wenn die Konsonanten unterschiedlich sind. In Eichendorffs Gedicht „Nachts" gibt es sowohl eine Assonanz im zweiten Vers als auch zwischen den beiden Reimpaaren Nacht/sacht und Tal/Nachtigall.	„Ich wandre durch die stille Nacht, Da schleicht der Mond so heimlich sacht Oft aus der dunklen Wolkenhülle, Und hin und her im Tal Erwacht die Nachtigall, Dann wieder alles grau und stille."
■ **Stabreim (Alliteration):** In einem Satz beginnen zwei oder mehrere Wörter mit demselben Anlaut.	Kind und Kegel in Wald und Wiese
■ **Binnenreim:** Die Wörter innerhalb eines Verses reimen sich.	„wenn in **Wecken Schnecken** stecken, wenn die **Meise leise** weint, (...)" (James Krüss, *Wenn die Möpse Schnäpse trinken*)
■ **Lautmalerei (Onomatopöie):** Laute/Geräusche werden mit sprachlichen Lauten nachgeahmt.	miau, kikeriki, töfftöff, Kuckuck

Die Kadenz

Die Kadenz beschreibt im Gegensatz zum Reim den Schluss eines einzelnen Verses und nicht den klanglichen Zusammenhang zweier oder mehrerer Verse.

■ **männliche (stumpfe) Kadenz (einsilbig):** Der Vers schließt mit einer Hebung, d. h. mit einer sinntragenden Silbe. Der Versschluss klingt hart.	„Wer reitet so spät durch Nacht und Wind? Es ist der Vater mit seinem Kind; (...)" (Johann Wolfgang von Goethe, *Erlkönig*)
■ **weibliche (klingende) Kadenz (zweisilbig):** Der Vers endet mit einer Senkung. Die weibliche Kadenz klingt deshalb weich und klangvoll.	„Hat der alte Hexenmeister Sich doch einmal wegbegeben!" (Johann Wolfgang von Goethe, *Der Zauberlehrling*)
■ **gleitende (reiche) Kadenz (dreisilbig):** Der letzten Hebung folgen noch zwei Senkungen. Die gleitende Kadenz ist besonders klangvoll, aber selten.	„singenden – klingenden Sandbänke goldene" (Marie-Luise Kaschnitz, *Tejo*, aus: ein Wort weiter, Clausen 1965)

3.1.4 Sprachliche Bilder

Mit sprachlichen Bildern werden Gedanken in konzentrierter Weise ausgedrückt.

■ **Allegorie:** Die Allegorie ist die bildhaft belebte Veranschaulichung eines abstrakten Begriffs.	abstrakter Begriff: Tod bildhafte Veranschaulichung: Sensenmann
■ **Euphemismus:** Verhüllende Umschreibung eines unangenehmen oder sonst zu meidenden Begriffs.	Kap der Guten Hoffnung letzte Ruhestätte
■ **Metapher:** Bei einer Metapher werden die Wörter nicht in ihrer eigentlichen, sondern in einer übertragenen Bedeutung verwendet. Die Metapher verbindet so zwei Vorstellungen aus verschiedenen Bereichen zu einem neuen sprachlichen Bild, das unerwartet und in seiner Wirkung intensiv ist.	der Flug der Gedanken Die Nomen **Flug** und **Gedanken** entstammen verschiedenen Vorstellungsbereichen. Aus der Vorstellung, dass Gedanken sich so schnell und leicht bewegen, als ob sie fliegen könnten, entsteht die Metapher.

- **Neologismus:** Als Neologismus bezeichnet man eine sprachliche Neuschöpfung. Die Neubildung kann sich hierbei auf ein einzelnes Wort oder eine Wortverbindung beziehen.

  „Knabenmorgenblütenträume“
  (Johann Wolfgang von Goethe, *Prometheus*)
  „Wellen krieseln“
  (August Stramm, *Die Menschheit*)

- **Personifikation:** Die Personifikation ist eine besondere Form der Metapher. Eigenschaften oder Verhaltensweisen von Personen ordnet man unbelebten Dingen, Pflanzen oder Tieren zu. Diese werden vermenschlicht.

  „Gelassen stieg die Nacht an Land,“
  (Eduard Mörike, *Um Mitternacht*)
  „drängend fassen Häuser sich so dicht an“
  (Alfred Wolfenstein, *Städter*, S. Fischer 1914)

- **Symbol:** Ein Symbol ist ein wahrnehmbares, anschauliches Zeichen oder Sinnbild, das etwas vergegenwärtigt, was im Augenblick oder überhaupt nicht anschaulich zu machen ist. Manche dichterischen Werke sind um ein bestimmtes Dingsymbol gestaltet.

  Das Kreuz steht als Symbol für das Christentum. In der Novelle *Die Judenbuche* von Annette von Droste-Hülshoff geschehen alle furchtbaren Ereignisse in der Nähe der Buche, die zum Dingsymbol für das unheilvolle Geschehen wird.

- **Synästhesie:** Die Synästhesie ist eine Sonderform der Metapher, bei der Eigenschaftsbezeichnungen aus dem Bereich der sinnlichen Wahrnehmung (hören, sehen usw.) in einen anderen übertragen werden.

  „**Süße** wohlbekannte **Düfte**
  Streifen ahnungsvoll das Land.“
  (Eduard Mörike, *Er ist's*)

- **Vergleich:** Ein Vergleich stellt eine Beziehung zwischen zwei Gegenständen oder Sachverhalten her, die eine Gemeinsamkeit aufweisen **(Tertium Comparationis)**. Diese Beziehung wird häufig durch die Vergleichspartikel **wie** oder **so … wie** angezeigt.

  „Es pfeift ihm unter den Sohlen
  Wie eine gespenstige Melodei; (…)“
  (Annette von Droste-Hülshoff, *Der Knabe im Moor*)

3.1.5 Rhetorische und stilistische Figuren

Der Stil ist die besondere Art und Weise, in der ein Dichter die Wörter miteinander verbindet. Dazu werden rhetorische und stilistische Figuren (Stilmittel) verwendet, d. h., die Wörter werden auf bestimmte Art und Weise gewählt, um eine bestimmte Wirkung zu erzielen.

- **Alliteration:** Wiederkehr des gleichen Anlauts in aufeinanderfolgenden Wörtern

  „**Fließe, fließe,** lieber **Fluss!**“
  (Johann Wolfgang von Goethe, *An den Mond*)

- **Anapher:** Wiederholung desselben Wortes oder derselben Wortgruppe am Anfang von Sätzen oder aufeinanderfolgenden Versen

  „**Gottes ist der** Orient!
  Gottes ist der Okzident!“
  (Johann Wolfgang von Goethe, *West-Östlicher Divan*)

- **Anastrophe:** Umkehrung der syntaktisch geläufigen Wortstellung in gehobener Redeweise

  Röslein rot statt rotes Röslein

- **Antithese:** die Betonung der Gegensätzlichkeit zweier Tatbestände, die in Wortwahl oder Satzbau besonders aufeinander bezogen werden

  „Der Wahn ist **kurz,** die Reu ist **lang.**“
  (Friedrich von Schiller, *Das Lied von der Glocke*)

- **Apostrophe:** die Abwendung von den Zuhörenden oder Lesenden und die Hinwendung zu abwesenden Personen oder Sachen

  „Lang sah ich, Meta, schon dein Grab,
  Und seine Linde wehn; (…)“
  (Friedrich Gottlieb Klopstock, *Das Wiedersehn*)

- **Chiasmus:** Überkreuzstellung syntaktischer oder inhaltlicher Elemente

  Von Berg zu Tal,

  von Tal zu Berg.

■ **Ellipse:** unvollständiger grammatischer Satz, dessen Aussage aber aus sich selbst verständlich ist und zum Mitdenken anregen soll	„Einsamer nie als im August: Erfüllungsstunde – (...)“ (Gottfried Benn, *Einsamer nie –*, Arche-Verlag 1936)
■ **Hyperbel:** Übertreibung des Ausdrucks in vergrößerndem oder verkleinerndem Sinne	blitzschnell Schneckentempo
■ **Klimax:** stufenweise Steigerung von weniger Bedeutendem zu Wichtigerem	„Ist **Feuer, Pest und Tod,** der Herz und Geist durchfähret.“ (Andreas Gryphius, *Tränen des Vaterlandes*)
■ **Parallelismus:** syntaktisch gleich gebaute Sätze oder Zeilen: dieselben Wortarten oder Satzglieder in derselben Reihenfolge	„Nacht ist es: nun reden lauter alle springenden Brunnen. (...) Nacht ist es: nun erst erwachen alle Lieder der Liebenden.“ (Friedrich Nietzsche, *Das Nachtlied*, aus: *Also sprach Zarathustra*)

3.2 Lyrische Texte und ihre Interpretation

3.2.1 Die Ballade

Die Ballade war zunächst ein Tanzlied der romanischen Länder mit Refrain, das seit dem 13. Jahrhundert weiterentwickelt wurde. Man unterscheidet grundsätzlich die **Volksballade** als gesungenes Erzähllied von der **Kunstballade,** die mit Bürgers *Leonore* begründet und wesentlich durch Goethes und Schillers Balladen weiterentwickelt wurde.

BLICKPUNKT

Die Ballade als **Ur-Ei** der Poesie umfasst nach Goethe alle drei literarischen Gattungen: Epik, Lyrik und Dramatik.

- **Epische Elemente:** Das Geschehen wird in verschiedenen Handlungsschritten dargestellt.
- **Lyrische Elemente:** Es gibt lyrische Elemente wie Verse und Strophen, metrische Gestaltung und den Reim.
- **Dramatische Elemente:** Dialoge sind in der Ballade ein wichtiges Gestaltungselement. Es ist ein dramatischer Aufbau zu erkennen, d. h. eine Konzentration auf einen Spannungshöhepunkt.

■ **Heldenballade:** Gegenstand ist die sittliche Kraft des Menschen oder einer Idee.	Theodor Fontane, *John Maynard*
■ **Historische Ballade:** Gegenstand sind historische oder auch biblische Ereignisse.	Heinrich Heine, *Belsatzar*
■ **Ideenballade:** Im Mittelpunkt steht eine der menschlichen Vernunft zugängliche Idee oder ein Gedanke.	Friedrich von Schiller, *Die Bürgschaft*
■ **Numinose Ballade:** Den Kern bildet das schauervolle und zugleich Anziehende von Mächten, die für den Menschen nicht fassbar sind:	
– **Naturmagische Ballade:** Naturgewalten werden personifiziert und brechen in das menschliche Leben ein.	Annette von Droste-Hülshoff, *Der Knabe im Moor*
– **Totenmagische Ballade**: Im Zentrum steht die Beziehung zwischen Mensch und Totenreich.	Johann Wolfgang von Goethe, *Der Totentanz*
– **Schicksalsballade:** Der Mensch steht einer strafenden, überirdischen Instanz gegenüber.	Theodor Fontane, *Gorm Grymme*
■ **Politische Ballade:** In modernen Balladen seit dem 20. Jahrhundert werden politische und gesellschaftliche Fragestellungen aufgegriffen.	Bertolt Brecht, *Ballade von der Kindesmörderin Marie Farrar*

3.2.2 Das Sonett

Das Sonett ist durch einen engen Zusammenhang zwischen strenger äußerer Form und inhaltlichem Aufbau gekennzeichnet.

Inhalt
Ein Sonett verarbeitet persönliches Erleben oder setzt sich mit Themen wie Gott und Tod auseinander oder behandelt politisches und soziales Geschehen.

Aufbau
- Ein Sonett besteht aus 14 Zeilen, die sich auf zwei Quartette (Vierzeiler) und zwei Terzette (Dreizeiler) verteilen.
- Die inhaltliche Struktur und die äußere Gliederung stehen meist in engem Zusammenhang.

Sprache
- Die Quartette und Terzette bestehen aus sich reimenden Versen.
- Die wichtigsten Reimschemata sind:
  - a b b a im ersten und zweiten Quartett und c d c in den beiden Terzetten,
  - a b a b im ersten und zweiten Quartett und c d e in den beiden Terzetten.
- Der Versfuß ist ein fünfhebiger Jambus.

BESONDERS NÜTZLICH

Aufbau und Inhalt des Sonetts: Hugo von Hofmannsthal, „Die beiden"

	Analyse	Die beiden
sie	*Kinn und Mund glich seinem Rand* Das Gesicht hat runde Formen → kindlich, anziehend	„Sie trug den Becher in der Hand – Ihr Kinn und Mund glich seinem Rand – So leicht und sicher war ihr Gang, Kein Tropfen aus dem Becher sprang.
er	*erzwang er, dass es zitternd stand* → kraftvoll, sicher	So leicht und fest war seine Hand. Er ritt auf einem jungen Pferde Und mit nachlässiger Gebärde Erzwang er, dass es zitternd stand.
beide	Wendepunkt: *Jedoch* Gegensatz: *leicht – schwer* Begründung: *Denn* Symbol: *dunkler Wein*	Jedoch wenn er aus ihrer Hand Den leichten Becher nehmen sollte, So war es beiden allzu schwer: Denn beide bebten sie so sehr, Dass keine Hand die andre fand, Und dunkler Wein am Boden rollte."

Beziehung zwischen Inhalt und Form:

1. Quartett	Selbstsicherheit der Frau
2. Quartett	Selbstsicherheit des Mannes
Terzette	Nach der Zäsur wird die Zerstörung der Selbstsicherheit gestaltet, wenn sich beide, Mann und Frau, begegnen.

3.2.3 Weitere Formen lyrischer Texte

- **Bänkelsang (Moritat):**
  Diese Bezeichnung geht auf die Holzbank (Bänkel) als Podium für die Vortragenden zurück. Die Bänkelsänger erzählten etwa auf Jahrmärkten zu Drehorgelmusik in einfacher, oft monotoner Balladenform schauerlich-rührselige oder sensationelle Vorfälle oder kommentierten aktuelle Ereignisse. Die Vorfälle und Ereignisse wurden durch Bildtafeln illustriert, auf die während des Vortrags mit einem Zeigestock gewiesen wurde. Die Bänkellieder endeten meist mit einer Moral.
- **Hymne:**
  Die Hymne bezeichnet ausgehend von der Antike einen feierlichen Lob- und Preisgesang, der sich in fast allen entwickelten Kulturen findet. Sie kann nicht auf eine bestimmte Form eingeschränkt werden.
- **Lied:**
  Das Lied ist ein Gedicht, das zu einer bestimmten Melodie gesungen wird. Die Melodie kann wie im Kunstlied über das ganze Gedicht reichen oder sich strophenweise wiederholen. Da sich die Melodie gleichbleibend wiederholt, sind die einzelnen Liedstrophen gleichmäßig gebaut.
- **Ode:**
  In der griechischen Antike bezeichnete die Ode jegliche zur Musik vorgetragene strophische Dichtung. Kennzeichnend für die Ode im engeren Sinn ist die klare Gliederung in Strophen, die im Gegensatz zum Lied kunstvoller und mit größerer formaler Strenge ausgeführt sind. Der strengen Form entspricht ein feierlicher und gedankenvoller Inhalt.

4 Umgang mit dramatischen Texten

Im Drama kommunizieren die Figuren in Form von Dialogen oder äußern sich in Monologen. Auf diese Weise erhalten die Lesenden bzw. Zuschauenden Einblick in die Charaktere der Figuren, ihre Denkweisen, Absichten und Gefühle.

BLICKPUNKT

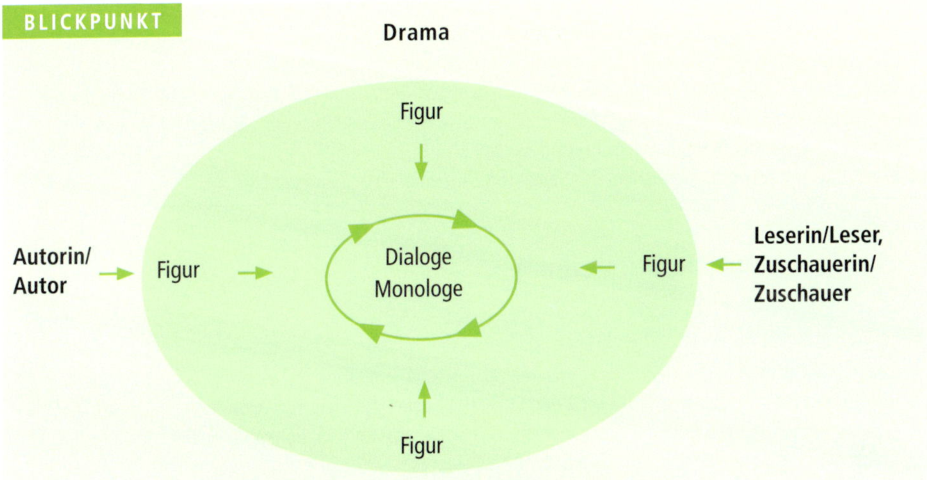

4.1 Merkmale dramatischer Texte

Da Dramentexte in der Regel für eine Aufführung im Theater gedacht sind, darf man bei der Untersuchung dramatischer Texte nicht ausschließlich die Textvorlage analysieren, sondern man muss auch die szenische Umsetzung auf der Bühne berücksichtigen.

4.1.1 Text und Aufführung

Merkmale

Zu beachten ist,

- in welchem Verhältnis sprachliche Äußerungen und szenische Umsetzung stehen,
- ob sich die sprachlichen Äußerungen und das Verhalten einer Figur ergänzen oder widersprechen,
- wie viele Personen in einer Szene auftreten und wie sich die Sprechanteile verteilen,
- ob, wann und warum eine Figur verstummt oder schweigt,
- wie sich die Einstellung einer Figur etwa nach einem Monolog verändert hat.

4.1.2 Die Textgestaltung

Dramatische Texte sind dadurch gekennzeichnet, dass der Text äußerlich deutlich in verschiedene Einheiten gegliedert ist.

- **Akt (Aufzug):** Der größte in sich abgeschlossene Hauptabschnitt eines Dramas ist der Akt (Aufzug).
- **Szene (Auftritt):** Jeder Akt ist wiederum in Szenen (Auftritte) gegliedert. Sie sind die kleinsten Aufbaueinheiten des Dramas und gliedern die Dialoge und den Handlungsablauf. So beginnt eine neue Szene zumeist mit dem Auftritt oder dem Abgang einer Figur.
- **Prolog:** Dem eigentlichen Beginn des Dramas kann ein Prolog vorangestellt sein. Er besteht aus einleitenden Worten, die an das Publikum gerichtet sind.
- **Epilog:** Der Epilog erläutert die Geschehnisse des Dramas in einem Nachwort.
- **Dialog:** Der Dialog bezeichnet das Zwiegespräch, d. h. den Gedankenaustausch der Figuren in Frage und Antwort, Rede und Gegenrede. Die schnelle, zeilenweise wechselnde Rede und Gegenrede in längeren Dialogen bezeichnet man als **Stichomythie**.
- **Monolog:** Der Monolog bezeichnet das Selbstgespräch einer einzelnen Figur.

4.1.3 Die szenische Darstellung

Elemente szenischer Darstellung

- **Stimme:** Artikulation, Dynamik, Lautstärke, Tempo, Tonhöhe, Tonfall
- **Bühnenaktion:** Annäherung, Erstarrung und Stille, Handgemenge, irres Rasen, Stolpern
- **Bühne:** Anordnung von Bühne – Zuschauerbereich, Bühnenausstattung, Bühnenform, Bühnenbild
- **Licht:** Ausleuchtung, Farbe, Fokussierung, Lichtwechsel
- **Kleidung:** historisch, aktualisierend, Kleidungswechsel, Kontraste in der Kleidung der Figuren
- **Requisiten:** Zubehör für eine Bühnenaufführung, Gebrauchsgegenstände bei Bühnenaktionen, Elemente mit symbolischer Bedeutung, Dekoration für die Bühne
- **Medieneinsatz:** Musik, Videosequenzen, Bilder, Gemälde, ungewöhnliche Objekte jeglicher Art

Die Regieanweisung

- Regie- und Bühnenanweisungen sind Anweisungen oder Hinweise der Autorin / des Autors im Dramentext.
- Regie- und Bühnenanweisungen beziehen sich auf:
  Bühnenbild, Kleidung, Requisiten, Sprechweise, Gesten und stummes Spiel.

Im ersten Akt von Friedrich Dürrenmatts *Der Besuch der alten Dame* (Diogenes, Neufassung 1980) wird dem Publikum im Theater sofort der Niedergang der Stadt Güllen vor Augen geführt: „Glockenton eines Bahnhofs, bevor der Vorhang aufgeht. Dann die Inschrift: Güllen. Offenbar der Name der kleinen Stadt, die im Hintergrund angedeutet ist, ruiniert, zerfallen. Auch das Bahnhofsgebäude verwahrlost, (...)“
In Carl Zuckmayers *Der Hauptmann von Köpenick* wird der Oberwachtmeister als Vertreter der Staatsmacht bei seinem ersten Auftritt charakterisiert, ohne dass er bis dahin ein Wort gesprochen hat:
„OBERWACHTMEISTER *(zieht seine Taschenuhr, kontrolliert):* Zwölfe. *(Er löscht ab, klappt Aktendeckel zusammen).*“

Die Inszenierung

Möchte man einen dramatischen Text inszenieren, so muss Folgendes mitgedacht werden:

- die Umsetzungsmöglichkeiten des Textes auf einer bestimmten Bühne zu einer bestimmten Zeit für ein bestimmtes Publikum,
- die selbstständigen Deutungsmöglichkeiten und das eigenverantwortliche Einrichten des Dramentextes durch die Regisseurin / den Regisseur für die Aufführung durch
  - Streichen von Dialogpassagen oder Szenen,
  - Entstehung der endgültigen Spielfassung des Textes im Rahmen der Probenarbeit im Theater.

In Goethes *Faust* heißt es in der Textvorlage (1887) der Szene *Auerbachs Keller:*
„Die Kehlen sind gestimmt.
Das liebe Heil'ge Römische Reich,
Wie hält's nur noch zusammen."
Um den Text zu aktualisieren, lautet dieselbe Stelle in der Spielfassung der Schauspielbühne Berlin aus dem Jahr 1990:
„Die Kehlen sind gestimmt.
Das liebe Heil'ge **Deutsche** Reich,
Wie hält's nur noch zusammen."

4.2 Formen dramatischer Texte

Mit dem Begriff **Gattung** unterscheidet man nicht nur die grundlegenden literarischen Formen Epik, Lyrik und Dramatik, sondern auch die unterschiedlichen dramatischen Formen.

BLICKPUNKT

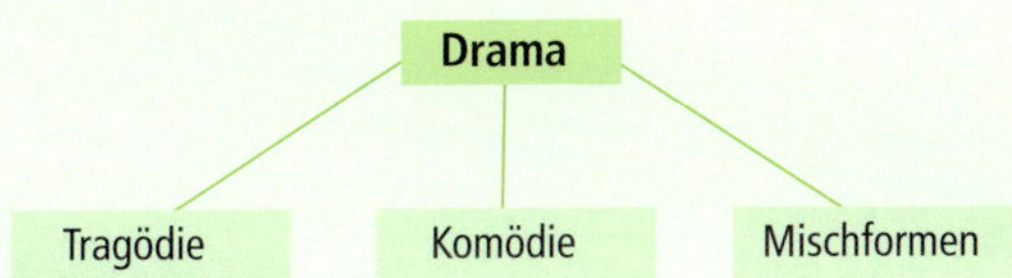

Gattungen
Tragödie Der zentrale Kern der Tragödie ist der tragische Konflikt: Der Mensch, Hauptfigur der Tragödie, befindet sich in einer Konfliktsituation, für die er keine Lösungsmöglichkeit kennt. Die Unlösbarkeit des Konflikts führt die Hauptfigur schließlich in den Untergang.
Komödie Die Komödie ist im Hinblick auf den Inhalt und ihre Gestaltung heiter, komisch und durch einen glücklichen Ausgang der Handlung für die handelnden Figuren gekennzeichnet. Die Zielsetzung besteht vor allem im Aufzeigen menschlicher Schwächen.
Mischformen Neben den klassischen Dramenformen haben sich auch Dramenformen entwickelt, die keine verbindlichen Regeln zu Stoff, Form oder Stilhöhe mehr vergeben, z. B. die Tragikomödie oder das epische Theater (↑ S. 113).

4.2.1 Das klassische Drama

Der Aufbau im klassischen Drama wird als **5-Akt-Schema** bezeichnet. Die Darstellung stammt von dem Literaturwissenschaftler Gustav Freytag.

BLICKPUNKT

Akteinteilung und Spannungsverlauf

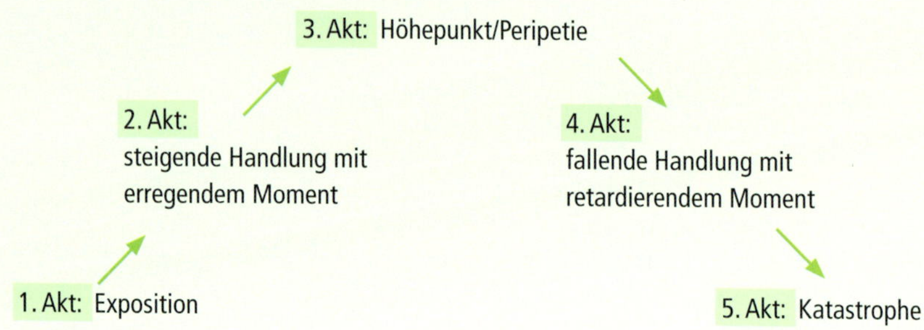

Die fünf Akte

Bedeutung und Funktion
Exposition Die Exposition führt in den tragischen Konflikt ein. Sie gibt eine Einführung in Ort, Zeit und in den Handlungszusammenhang des Dramas. Die Lesenden oder Zuschauenden werden über Hintergründe und Voraussetzungen des dargestellten Geschehens und über die Vorgeschichte informiert. Die Protagonistinnen und Protagonisten werden vorgestellt.
Steigende Handlung Im zweiten Akt wird die Handlung ausgestaltet. Man erfährt Weiteres über die handelnden Figuren und ihre Denkweisen und Handlungsmotive, über ihre Zielsetzungen und von wem sie eventuell abhängig sind. Der Konflikt spitzt sich zu und das **erregende Moment** ist der entscheidende Umstand für die dramatische Verwicklung bis zum Spannungshöhepunkt.
Höhepunkt/Peripetie Im dritten Akt schlägt die Handlung um. Er ist der Wendepunkt.
Fallende Handlung Das tragische Moment des nun deutlich gewordenen Konflikts liegt darin, dass keine versöhnliche Lösung möglich ist. Der Konflikt wird jedoch nicht bereits im vierten Akt zum Ende gebracht, sondern wesentliches Element des Aktes ist das **retardierende Moment.** Durch diese Verzögerung wird der Spannungsbogen verlängert.
Katastrophe Die einzige und letzte Möglichkeit der Konfliktlösung besteht im Untergang des Helden / der Heldin.

4.2.2 Das moderne Drama

In der modernen Dramatik gibt es keine verbindlichen Vorgaben für den Aufbau oder den Bezug der Akte oder Szenen untereinander.

BLICKPUNKT

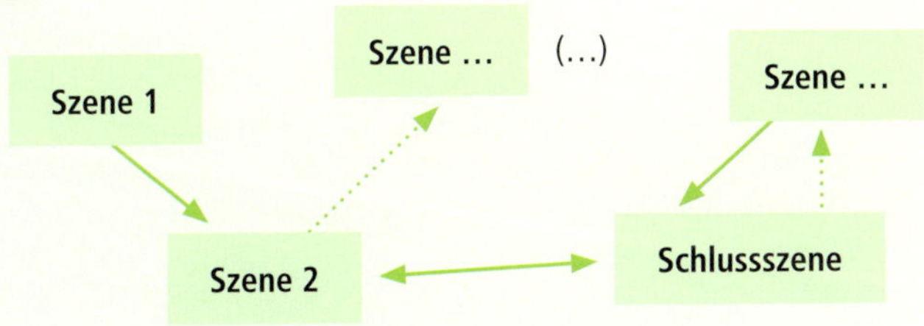

Das epische Theater von Bertolt Brecht

Bertolt Brecht entwickelte in den 1920er-Jahren das sogenannte epische Theater. Es unterscheidet sich im Aufbau stark vom klassischen Drama, denn Brecht ging es vor allem um die Wirkung: Die Welt soll als veränderlich dargestellt werden und das Publikum soll zur Veränderung der Welt aufgerufen werden. Das zentrale Mittel, um diesen Zweck zu erreichen, bezeichnete Brecht als **Verfremdungseffekt** oder **V-Effekt.**

Der V-Effekt (am Beispiel von Brechts „Mutter Courage und ihre Kinder")

Merkmale	
■ Der V-Effekt verhindert, dass sich das Publikum in die Figuren hineinversetzt oder einfühlt (Distanz). Es soll dadurch Alltägliches genau wie Fremdes und Unbekanntes **neu sehen,** um so etwa die Ursachen für Missstände zu erkennen.	Die zwölf Szenen bzw. Bilder des Stücks zeigen einzelne Situationen und Geschehnisse aus dem Dreißigjährigen Krieg. Die dargestellte Zeit umfasst hierbei zwölf Jahre: Frühjahr 1624 bis Winter 1636.
■ In einzelnen Szenen bzw. Bildern, die nicht wie im klassischen Drama eng aufeinander bezogen sind, werden Menschen in beispielhaften Situationen gezeigt und vorgeführt.	Die Szenen beginnen mit einem Szenentitel (Titularium), wodurch die Lesenden informiert, der Inhalt der Szene vorweggenommen oder eine Bewertung der Ereignisse gegeben wird.
■ Die Szenen werden immer wieder durch kritische Kommentare oder Bemerkungen einer Erzählinstanz und direkte Ansprache des Publikums, durch musikalische Einlagen, Spruchbänder oder Szenentitel eingeleitet oder unterbrochen.	Die Songs, die den Gang der Handlung durchbrechen, haben die Funktion, das Geschehene zu überdenken, Kontraste zu gestalten oder Positionen und Auffassungen zu klären. Das *Lied von der großen Kapitulation* hat etwa das Scheitern der menschlichen Pläne zum Thema.
■ Es zeigen sich zwischen den Aussagen der Figuren und ihren Handlungen Widersprüche.	
■ Die Figuren sprechen häufig in der Umgangssprache oder in einem Dialekt.	*„(...) damit meine Leut ein gutes Stückl zwischen die Zähn kriegen."* (Szene 2)
■ Häufig werden in die Äußerungen der Figuren Redewendungen oder Sprichwörter eingefügt, die jedoch in ungewohnten Zusammenhängen benutzt werden und deshalb überraschen.	In der ersten Szene äußert der Feldwebel: *„DER FELDWEBEL: Wie alles Gute ist auch der Krieg am Anfang halt schwer zu machen. Wenn er dann erst floriert, (...)"* Der Feldwebel benutzt hier mitten im Krieg eine Formulierung aus der Geschäftssprache.

4.2.3 Die offene und geschlossene Form des Dramas

Es lassen sich grundsätzlich zwei Dramenformen unterscheiden: die geschlossene und die offene Form.

Vergleich	klassische, geschlossene Form nach Aristoteles	moderne, offene Form nach Brecht
Aufbau	■ Einteilung in Akte/Aufzüge und Szenen/Auftritte, die eng aufeinander bezogen sind und einen **klaren, strengen** und **gesetzmäßigen Aufbau** des Dramas erzeugen ■ 5-Akt-Schema ■ einheitliche Haupthandlung	■ Die Einteilung in große, übergreifende Handlungsabschnitte wird aufgelöst. ■ Die **einzelnen Dramenszenen** werden **betont** und können für sich eine Einheit bilden. ■ Die Handlung und der Gesamtzusammenhang des Dramas ergeben sich durch die Verwendung von Motiven und Metaphern oder von wiederkehrenden Bildern, die die einzelnen Szenen verbinden.
Handlung	■ Die Spannung wird im Drama aufgebaut und erst am Ende gelöst. Der Schwerpunkt liegt auf dem Ausgang der Tragödie, auf der Frage: **Was** wird sich am Schluss ereignen? ■ Die Handlung ist einheitlich, systematisch aufeinander aufgebaut, zielgerichtet und abgeschlossen.	■ Die Aufmerksamkeit wird auf den Gang der Handlung und nicht auf den Ausgang gelenkt. Der Schwerpunkt liegt auf der Frage: **Wie** passieren die Ereignisse? ■ Es können verschiedene Handlungsstränge nebeneinanderlaufen, die nur in einer eher losen Szenenfolge verknüpft sind. ■ Ein offenes Ende ist möglich.
Ort und Zeit	■ Es gilt die Forderung nach der **Einheit von Ort, Zeit und Handlung:** Die Handlung soll an einem Schauplatz / wenigen Schauplätzen innerhalb eines überschaubaren Zeitraums ablaufen.	■ Die Forderung nach der Einheit von Ort, Zeit und Handlung verliert ihre Bedeutung. Die Anzahl der Orte ist nicht beschränkt und es sind sehr große Zeitsprünge möglich.
Verhältnis von Publikum und Figuren	■ Das Publikum soll sich mit der Hauptfigur **identifizieren** und mit ihr fühlen.	■ Vom Publikum wird eine **kritische Distanz** zu den Figuren und zu ihrem Handeln verlangt, sodass es in der Lage ist, ihre Entscheidungen und Handlungsweisen zu durchdenken, zu beurteilen und zu bewerten.
Wirkung	■ Die Tragödie soll eine **moralische Reinigung** bewirken **(Katharsis).** ■ Die moralische Reinigung wird durch die Erregung von **Mitleid** und **Furcht** erzielt.	■ Die durch das Drama gewonnenen **Einsichten** der Zuschauerinnen und Zuschauer sollen die gesellschaftlichen Verhältnisse verändern.

4.3 Die Interpretation einer Dramenszene

Aufbau und Inhalt der Analyse

Einleitung

Die Einleitung muss die wichtigsten Informationen zur Dramenszene enthalten und das (grobe) Verständnis der Szene im Zusammenhang des Dramas klären. Sie nennt:

- Titel, Verfasserin/Verfasser, Textart,
- Informationen über die Verfasserin / den Verfasser und die Entstehungszeit,
- den ersten Leseeindruck,
- Vermutung über Aussage und Wirkung der Dramenszene.

Hauptteil

Im Hauptteil werden der Handlungszusammenhang, der Inhalt und Aufbau der Szene sowie die Figuren und ihre Sprache analysiert, indem sie **aufeinander bezogen** werden. Der Hauptteil beschreibt:

- den Zusammenhang der Szene mit dem gesamten Drama,
- Inhalt und Aufbau der Szene,
- Thema und Gesprächskern,
- Figuren und Figurenkonstellation,
- den Dialog.

Schluss

Im Schlussteil wird die Dramenszene gedeutet. Nur bei dieser abschließenden Stellungnahme darf in der Ich-Form formuliert werden. Der Schluss beschreibt:

- die Aussage der Dramenszene,
- die Wirkung der Dramenszene,
- eine persönliche Bewertung und Stellungnahme.

5 Umgang mit Sachtexten

Um einen Sachtext vollständig zu erfassen, werden neben dem Inhalt auch der Aufbau, der Argumentationsgang, die sprachliche Gestaltung eines Textes und die Absicht der Verfasserin oder des Verfassers analysiert.

BLICKPUNKT

Sachtext

informativ	appellativ	instruktiv	kommentierend	normierend
Bericht	Werbetext	Bedienungs-anleitung	Kommentar	Gesetze
Gebrauchs-anweisung	Plakat	Bauanleitung	Leserbrief	Ordnungen
Sachbuch	Flyer	Koch-, Backrezept	(Film-)Kritik	
Lexikonartikel	Rede		Rezension	
Reportage	Wahlprogramm		Blogeintrag	

In einem Sachtext können auch mehrere Funktionen gleichzeitig erfüllt werden.

5.1 Aufbau und Inhalt der Sachtextanalyse

Bei der Analyse eines Sachtextes steht immer die Frage nach der Hauptaussage oder Aussageabsicht im Zentrum. Die Hauptaussage kann im Text ausgesprochen sein oder wird aus dem Text erschlossen. Die Form dieser schriftlichen Analyse ist die Erörterung (↑ S. 81).

Aufbau und Inhalt der Analyse

Einleitung

In der Einleitung werden die wichtigsten Informationen über den Text (Titel, Erscheinungsort, Textsorte, Thema) zusammengestellt und der Text wird zusammengefasst. Sofern möglich, wird die Position und Absicht der Verfasserin / des Verfassers kurz formuliert und die Zielgruppe des Textes genannt.

Hauptteil

Der Text wird auf verschiedenen Ebenen analysiert:

- Inhalt und Thema, inhaltliche Schwerpunkte: In welche Sinnabschnitte kann der Text gegliedert werden und welche Funktionen haben diese einzelnen Abschnitte?
- Formulierung der Hauptaussage,
- Art der Darstellung: Werden Tatsachen formuliert, Fragen gestellt oder Thesen aufgestellt?
- Aufbau, Plausibilität und Überzeugungskraft der Argumentation: Welche Art von Argumenten wird verwendet? Werden Zitate benutzt?
- sprachliche Gestaltung: Was lässt sich über Wortschatz und Satzbau sagen? Werden auffällige rhetorische Mittel benutzt?

Im Rahmen der Analyse werden auch einzelne Textabschnitte genauer untersucht:

- Bezüge der einzelnen Textabschnitte untereinander,
- Funktion eines Textabschnitts innerhalb des gesamten Sachtextes.

Mögliche Funktionen eines Textabschnitts:
- Einleitung,
- Einführung in einen Problemzusammenhang,
- Ausführung, Bekräftigung, Abschwächung oder Widerlegung eines Gedankens,
- Zusammenführung verschiedener Aspekte aus vorhergehenden Textabschnitten,
- Folgerungen aus Überlegungen im selben oder in vorhergehenden Textabschnitten,
- Weiterführung eines Leitgedankens, der den Sachtext als roter Faden durchzieht.

Schluss

Er enthält das Fazit der Analyse, gibt eventuell eine Bewertung und beantwortet folgende Fragen:

- Ist der Text stimmig?
- Passen Argumente und Beispiele zusammen?
- Erfüllt der Text seinen Zweck?

5.2 Die Analyse einer Rede

Die Rede ist ein im Wesentlichen frei gehaltener mündlicher Vortrag, der zu einem bestimmten Anlass mit einer bestimmten Absicht gehalten wird.

BLICKPUNKT

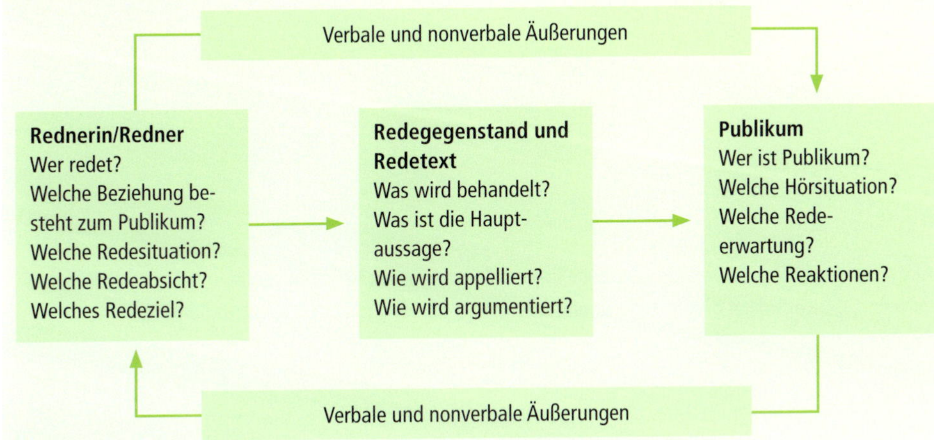

Rednerin/Redner und Publikum

- Die Rednerin / Der Redner wendet sich mit einer bestimmten Absicht an bestimmte Hörerinnen und Hörer. Das Verhältnis zum Publikum muss dabei bedacht werden.
- Das Publikum kann der Rednerin / dem Redner ein **Feedback** zur Rede durch nonverbale oder verbale Äußerungen geben.

Nonverbale Möglichkeiten des Feedbacks:
- mimische Reaktionen (zustimmender oder ablehnender Gesichtsausdruck),
- gestische Reaktionen (Handhaltung oder Applaus),
- andere Ausdrucksformen, die mithilfe des Körpers zum Ausdruck gebracht werden, z. B. Verlassen des Raums, Unruhe oder Gähnen.

Verbale Möglichkeiten des Feedbacks:
- bestätigende, zweifelnde, zurückweisende Zurufe,
- unspezifische Äußerungen (Gemurmel, Lachen).

Redeanlass und Redetypen

Der Redeanlass ist das Kernstück bei der Konzeption einer Rede. Von ihm hängt die grundsätzliche Ausrichtung der Rede ab. Man unterscheidet drei Funktionen von Reden:
- **darstellende Funktion:** Eine Rede kann vor allem an der Darstellung eines Sachverhalts ausgerichtet sein (z. B. Referat, wissenschaftlicher Vortrag).
- **appellative Funktion:** Eine Rede kann in erster Linie die Absicht verfolgen, die Zuhörenden zu etwas aufzufordern (z. B. Wahlrede).
- **expressive Funktion:** Eine Rednerin / Ein Redner beabsichtigt vor allem Eindrücke und Gefühle zu vermitteln (z. B. Festrede, Geburtstagsrede, Rede zum Jubiläum oder zu einer bestandenen Prüfung).

Thema und Inhalt

Gegenstand und Hauptaussage der Rede müssen klar umrissen sein. Zur Vorbereitung und Gestaltung des Redetextes sind gute Sachkenntnisse erforderlich.

Aufbau und Argumentation

- Eine Rede gliedert sich grundsätzlich in Einleitung, Hauptteil und Schluss.
  Der weiter gehende Aufbau hängt dann wesentlich von der Absicht und der Argumentation ab.
  Je nach Redetyp enthält eine Rede Thesen, die mit relevanten, überzeugenden Argumenten gestützt werden.

Analysiert man eine Rede, stellen sich folgende Fragen:
- Welche Thesen enthält die Rede?
- Wie werden die Thesen gestützt?
- Sind die Argumente überzeugend und relevant?
- Wird statt mit Argumenten mit Vorurteilen gearbeitet?

BESONDERS NÜTZLICH

Das Argument

Alle Aussagen, die eine Behauptung oder These stützen können, heißen Argumente. Sie haben die Funktion, die Gültigkeit dieser Behauptung oder These überzeugend und einsichtig darzustellen.

These
(Behauptung, Werturteil, Empfehlung, Forderung)

Argument 1 Fakten	**Argument 2** Normen	**Argument 3** Autoritätenurteil

Beispiele: veranschaulichen Argumente
Belege: sichern Argumente
Erläuterungen: verdeutlichen Argumente

Ergebnis, Fazit

Faktenargument
Unstrittiges und überprüfbares Argument, das sich auf Fakten, Tatsachen, Ergebnisse aus der Forschung oder Berichte stützt, die allgemein anerkannt sind.

Normatives Argument
Die These wird durch Schlussfolgerungen aus allgemein anerkannten Grundwerten (Menschenrechte, religiöse Überzeugungen) gestützt.

Autoritätsargument
Man beruft sich auf Äußerungen, Aussagen oder Urteile allgemein anerkannter Autoritäten.

Indirektes Argument
Der eigene Standpunkt soll dadurch überzeugender werden, dass eine Gegenposition entkräftet wird, indem diese Gegenmeinung als unzutreffend dargestellt wird.

Umgang mit Medien

1 Allgemeines

BLICKPUNKT

Medien

analog – **digital**

Printmedien
Zeitungen
Zeitschriften
Magazine
Bücher
Kataloge
Broschüren

Elektronische Medien
Hörfunk
Fernsehen
Film/Kino
Musik
Internet
Smartphone
Computer- und Konsolenspiele

Auch die Inhalte der Printmedien sind häufig über das Internet als Kommunikationskanal digital verfügbar oder abrufbar.

Merkmale

- Das Wort Medium kommt aus dem Lateinischen: *medius – der Mittlere,* hier im Sinne von *Vermittler.*
- Der Begriff *Medien* wird in unterschiedlichen Dimensionen und Kategorien verwendet: technische Medien, Kommunikationsmedien, materielle Medien, audiovisuelle Medien.
- Medien dienen der Verbreitung von Daten an ein öffentliches Publikum.
- Ihre Leistung besteht also in der Vermittlung. Sie sind ein Bestandteil der Kommunikation.
- Sie liefern Informationen und Wissen oder dienen der Unterhaltung.

2 Informationsmedien: Zeitung, Hörfunk, Fernsehen

Durch Informationsmedien werden Wissen, Informationen und Nachrichten mit einer großen Reichweite in die Öffentlichkeit gebracht.

BLICKPUNKT

Der Weg einer Nachricht

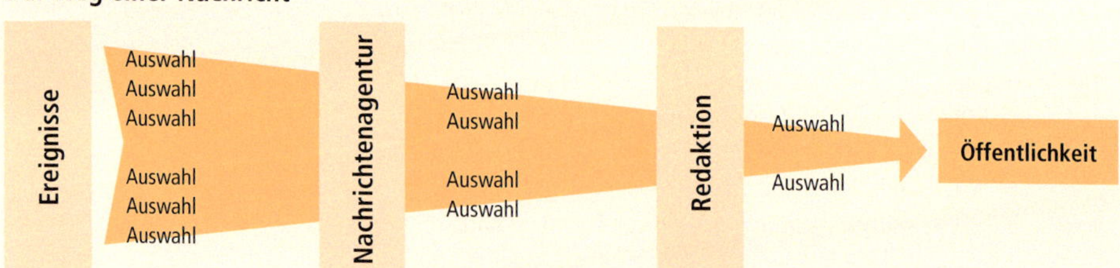

Fachbegriffe

Nachricht
Nachrichten sind Mitteilungen über Tatsachen, Ereignisse oder Personen, um die Öffentlichkeit zu informieren. Hierzu muss jeder Nachrichtentext die **W-Fragen** beantworten:
Wer? – Wann? – Was? – Wo? – Wie? – Warum?
Ein Nachrichtentext muss **besonders aktuell** und **wahr** sein, die **Quelle** nennen, **sachlich** und **verständlich** abgefasst sein und darf **keine Meinung** der Verfasserin / des Verfassers enthalten.

Nachrichtenagentur
Informationsmedien arbeiten mit Nachrichtenagenturen zusammen, die Informationen aus aller Welt zusammentragen und diese rund um die Uhr anbieten, da eine Redaktion nicht alle Nachrichten selbst beschaffen kann. Beispiele bedeutender Nachrichtenagenturen:
dpa: Deutsche Presseagentur, AFP: Agence France-Presse, ap: Associated Press (USA), rtr: Reuters.

Redaktion
Zur Redaktion gehören alle Redakteurinnen und Redakteure des Medienbetriebs. In den täglichen Redaktionskonferenzen entscheiden sie über berichtenswerte Themen oder über das Layout. In der Redaktion sind alle Ressorts vertreten.

Ressort
Die verschiedenen Themenbereiche einer Zeitung heißen Ressorts, z. B. Politik, Wirtschaft, Sport, Feuilleton, Lokalnachrichten.

Arten von Medienbeiträgen in Zeitung, Hörfunk oder Fernsehen

Kommentar
- Im Kommentar wird die eigentliche Nachricht als bekannt vorausgesetzt.
- Journalistinnen und Journalisten nehmen Stellung, indem sie subjektiv und wertend aus einer bestimmten Perspektive schreiben.
- Durch die Gedankenführung soll die Öffentlichkeit zum Nachdenken angeregt oder zum Widerspruch gereizt werden.

Glosse
- Die Glosse ist ein witziger, oft auch polemischer oder satirischer Kommentar. Ihre ursprüngliche Bedeutung ist „spöttische Randbemerkung". Daher ist ihr Umfang kurz.
- Die Glosse führt kein Thema aus, sondern greift einen entscheidenden Punkt auf und spitzt ihn zu.
- Entfernt scheinende Aspekte werden grotesk aufeinander bezogen.
- In der Glosse häufen sich Stilmittel und rhetorische Figuren (↑ S. 105)

Bericht
- Der Zeitungsbericht bietet wie eine Nachricht (s. o.) zusätzliche Hintergrundinformationen.
- Er antwortet ausführlich auf die beiden W-Fragen: **Wie?** und **Warum?**

Reportage
- Die Reportage ist eine aufwendige journalistische Textform, da hier die Informationsvermittlung und die Schilderung der Atmosphäre vereint werden.
- Die Distanz der Nachricht zum Ereignis wird in der Reportage aufgegeben.
- Reporterinnen und Reporter informieren authentisch, spannend und umfassend.
- Informationsquellen sind Augenzeugenberichte, Interviews von Personen, die betroffen sind, oder von Expertinnen und Experten.
- Zusammenhänge und Hintergründe werden vor Augen geführt.

Feature
- Das Feature als journalistischer Text ist mit der Reportage verwandt, da es dieselben Stilmittel einsetzt.
- Beim Feature tritt der äußere Rahmen eines Ereignisses in den Vordergrund.
- Hauptaugenmerk liegt auf der Schilderung (↑ S. 76) von Atmosphäre und Stimmung.
- Informelles und Randerscheinungen werden wahrgenommen.
- Fakten werden nicht sachlich dargestellt, sondern in Bildern und sprachlichen Eindrücken aufgelöst.

Porträt
- In einem Porträt wird eine Person in ihrem Umfeld, bei ihren Tätigkeiten und ihrem Wirken dargestellt.
- Es vereint in sich Elemente von Interview, Reportage und Feature.
- Fakten, Stimmungen, Eindrücke und Gefühle werden gemischt.

Podcast
- Ein Podcast ist eine Sammlung von einzelnen Video- oder Audiobeiträgen, den Episoden.
- Sie können als Einzelsendungen oder über einen RSS-Feed in einem Abonnement bezogen werden.
- Podcasts gibt es zu allen möglichen Themen und in vielen verschiedenen Formaten, z. B. als Solopodcast oder Interviewpodcast. In einem Unterhaltungspodcast treffen sich zumeist zwei Personen und sprechen miteinander über ein bestimmtes Thema.

Weitere Fachbegriffe im Zeitungswesen

Layout
Im Layout wird genau festgelegt, wo auf einer Seite ein Artikel oder Foto platziert wird.

Impressum
Das Impressum ist für Publikationen gesetzlich vorgeschrieben und gibt Auskunft über Verleger/Verlegerin, Druck, Ressorts und mitarbeitende Personen. Wenn Internetseiten auf einer Plattform für kommerzielle Zwecke genutzt werden, müssen sie auch ein Impressum aufweisen.

Leitartikel
Der Leitartikel ist ein analysierender Kommentar zu einem Thema mit besonderer Aktualität.
Er wägt in seiner Darstellung in Pro und Kontra ab und kommt schließlich zu einer klaren Entscheidung.

Karikatur
Eine Karikatur ist ein Bild, in dem in überspitzter und oft komischer Form Stellung zu einem aktuellen Sachverhalt oder zu einer Person bezogen wird. Die Merkmale einer Person sind dabei oft übertrieben dargestellt.

Leserbrief
Ein Leserbrief ist eine schriftliche Reaktion eines oder einer Lesenden auf einen in der Zeitung veröffentlichten Beitrag, in dem der eigene Standpunkt dazu und die eigene Meinung ausgedrückt werden.

3 Das Internet

Das Internet ist ein weltweites Rechnernetzwerk. Es dient dem Austausch von Daten, die als Texte, Bilder, Grafiken, Tondokumente oder Videos vorliegen können. Diese werden durch die Nutzung verschiedener Internetdienste zugänglich. Das Internet kann passiv genutzt werden (surfende Nutzer/-innen), aber auch aktiv, indem die Nutzerinnen und Nutzer Inhalte einstellen (hochladen) oder miteinander in Kommunikation treten.

Internetdienste

Internetdienste sind die Anwendungsmöglichkeiten, die über das Internet genutzt werden können. Das Internet selbst stellt die technische Infrastruktur zur Datenübertragung dar.

BLICKPUNKT

Internet als Transportmedium

World Wide Web (WWW)

Video on Demand als Download oder Streamingangebot, z.B. Mediatheken

E-Mail

Telefonie

Fernsehen

Spiele

Radio

Dateiverwaltung Austausch und Speicherung von Dateien z.B. in einer Cloud

Chat

Diskussionsforen

3.1 Suchen und Verarbeiten von Informationen – Internetrecherche

Arbeitsschritte

Suchen und Filtern

- Informationen lassen sich mithilfe von **Suchmaschinen** finden. Da Suchmaschinen unterschiedlich arbeiten, sollten verschiedene Suchmaschinen genutzt werden.
- Zur Recherche können **Webseiten** etwa von Zeitungen, Zeitschriften oder Fachmedien, **Onlinelexika, Kataloge** oder **Portale** direkt genutzt werden.
- Eine zielgerichtete Suche beginnt mit nur wenigen prägnanten Stichwörtern, vollständige (Frage-)Sätze sollten vermieden werden. In weiteren Schritten lassen sich die Suchbegriffe verfeinern.
- Durch die **Verwendung von Operatoren** wird die Suche effektiver und exakter, da z.B. bestimmte Begriffe ausgeschlossen oder alternative Begriffe gesucht werden können. (↑ S. 124)

Auswerten und Bewerten

- Um zu prüfen, ob die gefundenen Informationen wahr und vertrauenswürdig sind, muss eine (Internet-)Quelle hinsichtlich ihrer Qualität oder Aktualität bewertet werden.
- Eine Information sollte sich durch eine oder mehrere weitere Quellen belegen lassen.
- Eine seriöse Quelle erkennt man daran, dass eine Autorin / ein Autor angegeben ist, die Information durch Literaturhinweise oder Links oder andere Quellen belegt ist und die Seite ein Impressum (↑ S. 122) enthält.
- Wenn hinter einer Webseite ein Unternehmen, eine Organisation oder Institution steht, sollte das Interesse, das diese verfolgt, überprüft werden. So lässt sich etwa Werbung von Information unterscheiden.
- Informationen und Fakten sollen objektiv dargestellt und verständlich sein.

Speichern und Abrufen
- Damit die recherchierten Informationen und Materialien auffindbar bleiben, müssen sie sorgfältig verwaltet und abgespeichert werden.
- Im Browser sind die zuletzt geladenen Seiten unter „Verlauf" abrufbar. Diese Funktion ist sinnvoll, wenn kürzlich aufgerufene Dokumente erneut geöffnet werden sollen. Eine Strukturierung oder Verwaltung im eigentlichen Sinne ist nicht möglich, da hier alle besuchten Seiten gespeichert werden.
- Wichtige Seiten lassen sich besser unter Lesezeichen oder Favoriten abspeichern und können von dort aus erneut geladen werden. Durch das Anlegen von Ordnern können Informationen zu einem Thema strukturiert werden.
- Inhalte von Internetseiten lassen sich zumeist auch lokal z. B. auf Festplatte oder USB-Stick speichern.

3.2 Das Internet analysieren und reflektieren

Unsere Welt ist in unterschiedlichen Lebensbereichen von der Vielfalt und der ständigen Verfügbarkeit der Medienwelt geprägt und bestimmt. Um sich sicher darin bewegen zu können, müssen diese Medienwelt und ihre Mechanismen kritisch hinterfragt werden.

Fake News
Fake News sind Falschmeldungen, die mit der Intention der Manipulation oder der Täuschung verbreitet werden. Wegen der Möglichkeit der schnellen Verbreitung und des einfachen Zugangs werden Fake News häufig über das Internet, besonders in sozialen Netzwerken verbreitet. Um Fake News zu erkennen, sollte man
- Nachrichten hinterfragen,
- Bilder überprüfen,
- Quellen überprüfen.

Algorithmus
Ein Algorithmus ist ein Rechenvorgang nach einem bestimmten sich wiederholenden Schema. Mithilfe von Algorithmen lassen sich große Datenmengen nach Mustern und Zusammenhängen durchsuchen und auswerten. So können aus den Daten, die man etwa durch das Aufrufen bestimmter Internetseiten hinterlässt, Muster errechnet werden. Diese können genutzt werden, um Informationen zu filtern und personalisierte Suchergebnisse anzuzeigen oder personalisierte Werbung aufzuspielen. In sozialen Netzwerken entscheiden Algorithmen, welche News-Feeds angezeigt werden.

(Filter-)Blase
Durch Anwendung der Algorithmen werden allen, die das Internet nutzen, häufig Internetseiten oder Nachrichten angezeigt, die mit der eigenen Meinung übereinstimmen. Dadurch besteht die Gefahr einer (Filter-)Blase, da andere Informationen oder andere Meinungen ausgeschlossen werden und sich so die eigene Meinung immer wieder bestätigt.

Recherchieren mit Operatoren

Mithilfe von Operatoren lässt sich eine Internetrecherche effektiver und zielgerichteter gestalten als nur über die Eingabe von Suchbegriffen.

„…"	konkrete Suche nur mit diesem Suchbegriff oder einer ganzen Wortgruppe
1. Suchbegriff **OR/Oder** 2. Suchbegriff	Suche nach dem einen **oder** dem anderen
Suchbegriff – Begriff / Suchbegriff + Begriff	Suche unter Ausschluss/Einbezug eines anderen Begriffes
Suchbegriff*	Suche nach mit dem Suchbegriff zusammengesetzten Begriffen
Suchbegriff **Domain:** …	Z. B. Domain.de: Suche nur nach deutschen Webseiten

4 Der Film

BLICKPUNKT

Handlungsidee/Story

Drehort	Figuren/Personen	Musik/Geräusche	Drehplan/Drehbuch
– Auswahl gemäß Handlungsablauf – Skizze der Positionen von Schauspielerinnen, Schauspielern und Kamera	– Besetzung mit Schauspielerinnen und Schauspielern – Kleidung, Requisiten	– Auswahl gemäß Handlungsablauf und atmosphärischen Gegebenheiten	– enthält alle wichtigen Informationen für den Dreh einer Szene: Nummer, Inhalt, Kameraführung, Sprechtext, akustische Elemente, Zeitrahmen

Merkmale filmischen Erzählens

Aufbau

Viele Hollywood-Filme orientieren sich in ihrem Aufbau am klassischen Drama mit seiner geschlossenen Form (↑ S. 114). Der Kinofilm „Titanic" folgt z. B. dem 5-Akt-Schema.
Andere Filme wie der amerikanische Spielfimklassiker „Casablanca" (1942) setzen wiederum Mittel wie die Rückblende (Analepse) ein, die auch von der epischen Literatur aufgegriffen wurden. Die Rückblende und der Vorgriff sind filmische Elemente, die z. B. in Alfred Döblins „Berlin Alexanderplatz" verwendet wurden.

Die französische Filmkomödie „Ziemlich beste Freunde" (2011) nimmt mit einer Vorausblende zu Beginn des Films einen Teil des späteren Endes vorweg und entwickelt erst dann die eigentliche Handlung. Durch die Schnitttechnik des Films kann auf diese Weise der natürliche Ablauf der Zeit verändert werden.

Drehbuch

Das Drehbuch hält alle Informationen für die optische und akustische Gestaltung des Filmverlaufs fest.

Einstellung (Take)

Als Einstellung bezeichnet man die kleinste filmische Einheit, die durch Schnitte begrenzt ist.

Story

Die Story umfasst im Gegensatz zum Plot den Verlauf des Filmgeschehens, so wie es sich die Zuschauerinnen und Zuschauer in seiner Gesamtheit aus den Informationen des Films erschließen und vorstellen.

Plot

Der Plot bezeichnet nur die Elemente des Filmgeschehens, die auch tatsächlich im Film vorkommen.

Storyboard

Auf einem Storyboard werden die einzelnen Einstellungen des Films durch Bildskizzen festgehalten.

BESONDERS NÜTZLICH

Kameraperspektive, Kamerabewegung und Bildausschnitte

Die Kamera kann ein Geschehen aus verschiedenen **Perspektiven** aufnehmen:

- ▼ Vogelperspektive = erhöhte Position mit der Möglichkeit des Überblicks
- ► Normalsicht = Kamera befindet sich etwa in Augenhöhe eines Erwachsenen
- ▲ Froschperspektive = Kameraperspektive von unten nach oben

Kamerabewegung

Still	**Schwenk**	**Zoom** ↓↑	**Fahrt** ∞ ⟶ ⟵ ∞
Kamera unbewegt	nach links oder rechts	nah oder fern	Kamera in Bewegung

Bildausschnitte

Detail	In der Detailsicht ist nur ein sehr kleiner Ausschnitt eines Ganzen zu sehen.
Groß	Der Bildausschnitt wird etwa durch einen Kopf ausgefüllt, sodass die Mimik genau zu verfolgen ist.
Nah	In diesem Ausschnitt wird neben der Mimik die Gestik der Hände wichtig.
Halbnah	Ein Mensch ist in dieser Einstellung vom Kopf bis zu den Knien zu sehen, sodass die Beziehung der Person zu seiner Umgebung wie zu den anderen Personen erkennbar wird.
Halbtotale	Die Figur ist in ihrer vollen Körpergröße zu sehen, sodass die Gestik gegenüber der Mimik deutlich in den Vordergrund tritt.
Totale	Durch die Totale wird ein Überblick über das Geschehen vermittelt, sodass sich die Zuschauerinnen und Zuschauer im Raum gut orientieren können.
Weit	Das Panorama einer Landschaft wird eingefangen, wobei einzelne Menschen kaum zu erkennen sind.

Register

Grammatische Begriffe – verständlich mit Beispiel erklärt

Fachbegriff	Erklärung und Beispiel
Adjektiv	Eigenschaftswort tapfer, grün, süß
Adverb	Umstandswort überall, freitags, ungefähr
Adverbial – des Grundes – des Ortes – der Zeit – der Art und Weise	Umstandsbestimmung Er heiratete sie **aus Liebe.** Ich komme **aus der Stadt.** **Morgen** besuche ich dich. Er war **zu Tode** erschrocken.
Adverbialsatz	Nebensatz, der ein Adverbial ersetzt **Weil es regnet** (Wegen des Regens), wandern wir nicht.
Akkusativobjekt	Satzglied im 4. Fall (Wen/Was-Fall) ihn, den ganzen Abend
Aktiv	eine Handlungsrichtung des Verbs; Ggs.: Passiv Sie **planen** das Projekt sorgfältig.
Apposition	Zusatz, Beisatz Die neue Serie, **eine tolle Empfehlung,** ist spannend und lässt einen nicht mehr los.
Artikel – definiter – indefiniter	Geschlechtswort, Begleiter **der** Hund, **die** Katze, **das** Pferd, **ein** Hund, **eine** Katze, **ein** Pferd
Attribut	eine Beifügung zu Subjekten, Objekten oder Adverbialen ein **schlechter** Scherz
Attributsatz	Nebensatz, der ein Attribut ersetzt; oft Relativsatz Der Zug, **den ich verpasst habe,** ...
Dativobjekt	Satzglied im 3. Fall (Wem-Fall) ihm, einem Musikanten
Deklination (deklinieren)	Anpassung eines Wortes an Genus, Numerus und Kasus
Demonstrativpronomen	hinweisendes Fürwort **dieses** Kind, **jene** Mutter
Elativ	absoluter Superlativ; drückt einen sehr hohen Grad aus Ich bitte **höflichst** ...
Femininum	grammatisches Geschlecht: weiblich **die** Kurve
Finalsatz	Adverbialsatz, der den Zweck einer Handlung nennt ... , **damit ich besser sehe.**
finite Verbform	Verbform, die nach Person, Numerus und Tempus veränderlich ist sie **gingen**
Flexion (flektieren)	↑ Deklination oder ↑ Konjugation
Futur	Zukunftsform eines Verbs ihr **werdet lachen**
Genitivobjekt	Satzglied im 2. Fall (Wessen-Fall) Sie nahm sich **des Problems** an.
Genus	grammatisches Geschlecht (↑ Maskulinum, ↑ Femininum, ↑ Neutrum)
Genus Verbi	↑ Aktiv oder ↑ Passiv
Hauptsatz	selbstständiger Satz Sie bauen ein Haus.

Fachbegriff	Erklärung und Beispiel
Hilfsverb	Teil einer zusammengesetzten Verbform sein, haben, werden
Hypotaxe	↑ Satzgefüge
Imperativ	Befehlsform Geh!, Merke dir!, Kommen Sie!
Indefinitpronomen	unbestimmtes Fürwort jemand, irgendwer, etwas
Indikativ	Modus eines Verbs, Wirklichkeitsform Sie **sehen sich** regelmäßig.
indirekter Fragesatz	abhängiger Fragesatz Er fragte, **ob er kommen solle.**
infinite Verbform	unveränderliche Verbformen: Infinitiv, Partizip I, Partizip II
Infinitiv	Grundform des Verbs hören, laufen
Infinitivsatz	verkürzter Nebensatz, meist mit „zu" gebildet **Ohne Zeit zu verlieren,** trat er ein.
Interjektion	Ausrufe- und Empfindungswort oje, miau, hui
Interrogativpronomen	Fragepronomen, fragendes Fürwort wer, wie, warum
Interrogativsatz	Fragesatz »Kommst du morgen mit?«
intransitives Verb	Verb ohne Akkusativobjekt Die Kinder **schlafen.**
Junktion	Bindewort und, oder, weil
Kasus	Fall: Nominativ, Genitiv, Dativ, Akkusativ
Kausalsatz	Adverbialsatz, der einen Grund nennt Ich singe, **weil ich glücklich bin.**
Komparation	Steigerung schneller → am schnellsten
Komparativ	1. Steigerungsstufe des Adjektivs besser, günstiger
Konditionalsatz	Adverbialsatz, der eine Bedingung nennt Wir gehen hin, **falls es euch gefällt.**
Konjugation (konjugieren)	Beugung des Verbs wir geh**en**, du mal**test**
Konjunktiv	Modus eines Verbs, Möglichkeitsform, die eine Aufforderung oder Vorstellung ausdrückt; häufig in der indirekten Rede verwendet Sie **hätten** das neue Restaurant gerne **ausprobiert.**
Konsekutivsatz	Adverbialsatz, der eine Folge benennt Die Parkplätze waren überfüllt, **sodass sie lieber mit dem Fahrrad** fuhren.
Konzessivsatz	Adverbialsatz, der eine Einschränkung macht ..., **obwohl er krank war.**
Lokalsatz	Adverbialsatz, der den Ort oder die Richtung angibt ..., **wohin die Reise geht.**
Maskulinum	grammatisches Geschlecht: männlich **der** Käfig